识势

变局时代的餐饮入局与破局

秦朝 / 著

西苑出版社

·北京·

图书在版编目（CIP）数据

识势：变局时代的餐饮入局与破局 / 秦朝著.
北京：西苑出版社有限公司，2024.12. -- ISBN 978-7-5151-0932-9

I.F719.3

中国国家版本馆 CIP 数据核字第 2024PW5202 号

识势：变局时代的餐饮入局与破局
SHISHI: BIANJU SHIDAI DE CANYIN RUJU YU POJU

著　者	秦　朝	
责任编辑	辛小雪	
责任校对	杨　超	
责任印制	李仕杰	
开　本	880 毫米 ×1230 毫米　1/32	
印　张	8.5	
字　数	160 千字	
版　次	2024 年 12 月第 1 版	
印　次	2024 年 12 月第 1 次印刷	
印　刷	河北鹏润印刷有限公司	
书　号	ISBN 978-7-5151-0932-9	
定　价	88.00 元	

出版发行	西苑出版社有限公司 北京市朝阳区利泽东二路3号　邮编：100102
发 行 部	（010）84254364
编 辑 部	（010）64210080
总 编 室	（010）88636419
电子邮箱	xiyuanpub@163.com
法律顾问	北京同清律师事务所　13001187977

谨以此书献给餐饮行业中敢于仰望星空创新、
甘于脚踏实地努力、善于真实价值创造的所有人；
并献给我的家人们。

著名财经作家吴晓波老师的题字寄语

餐饮业大概是现今人们对美好生活向往最易有获得感的行业。在当下激荡和充满不确定性的变局里,餐饮业也或许仍是少数能够为草根提供从零到一创业机会的行业。

然而,餐饮创业已进入专业主义阶段,认知的门槛甚至先于产品的准备。秦朝专注在餐饮行业深耕钻研十多年,俨然是一支测量行业的温度计了。所以无论你打算投身其中,或已身在其中,不妨看看秦朝的这本书。

——吴晓波

时代的一粒沙

落在每个人身上

都是一座山

身处行业剧变

此刻的万千餐饮人

正在考验和机遇的尘暴中

迎面前行

洗牌肉眼可见

传奇亦在上演

只有看到未来

才会有未来

万事朝前看!

推荐序 1

面向未来 永葆乐观

西贝餐饮创始人、董事长　贾国龙

中国的改革开放走过了 46 年历程，我做餐饮也已经有 36 年的时间，现在越干越有劲。我进北京是 1999 年，到今年也有 25 年了。这 20 多年，市场潮起潮落，上来很多品牌，又下去很多品牌，大约每隔 5 年一个周期。现在真正在头部的、还活着的、不断成长的、不断进步的品牌特别少。西贝能够活着而且还生机勃勃地活着，我自己觉得没什么太高大上的东西。最重要的就是我们这群人对这个行业的热爱。作为餐饮老兵，我最大的感受就是餐饮行业真的是一个"勤行"，想做好餐饮，首先得足够勤奋，其次要有足够的实心诚意，足够想对客人好，足够想把事情做好。这个行业是个凭良心做事的行业，讲究真材实料、货真价实。

最近几年，很多人觉得市场"卷"，但我觉得市场永远都"卷"，而且越成熟的市场越"卷"。我们不能把自己生意没做好、挣不到钱全部归结于外部环境。

中国地大物博，海南还在零上 30 摄氏度的时候，哈尔滨可能是零下 30 摄氏度了；珠穆朗玛峰海拔 8800 多米，到了东南沿海海拔可能就是 0 了。巨大的温度差、高度差让中国成为世界上物产最丰富的国家之一。另一个角度看，中国的文化风俗也非常丰富。相应地，我们的烹饪方法多种多样，饮食习惯、饮食文化也多种多样。

所以，中国吃客的最大特点就是"选择多"，因为能吃的、好吃的是真的多。如果把它看成"内卷"，那你就会很辛苦，但如果把它看作机会，你就会浑身充满力量。

放眼更大的市场，全球 80 多亿人口就是 80 多亿张嘴！中国餐饮满足了多少？这是一座巨大的金矿！

西贝是做美食的，是做中国美食的，我们的使命是用"美食创造喜悦人生"。总书记说，人民对美好生活的向往，就是我们的奋斗目标。我觉得这句话对餐饮人同样适用：人们对美食的向往、对美食的追求，就是我们的奋斗目标。

我相信，餐饮市场永远有机会，这就需要有一大批新品牌成长起来，到市场中去开疆拓土。或许在读这本书的你，正准备躬身入局一探究竟，希望你与我一样，读完这本书能获得新的思考与启发。

让我们一起实现中国餐饮人的梦想。

推荐序 2　餐饮朝前看

著名美食作家、"一大口美食榜"创始人　小宽

我与秦朝有互为镜像的人生。

我们同年出生，他生于河南，我生于河北。作为小镇做题青年，考上大学，做媒体，后来去了互联网公司。彼时他在新浪，我在隔壁不远的搜狐，都做美食频道。在互联网创业风云涌起的时刻，他先我一步，躬身入局，创建了"餐饮老板内参"，我紧随其后，做了"一大口美食榜"，一个 to B（面向企业），一个 to C（面向消费者），都有风投，见证过那个"烈火烹油"的岁月。许多年过去了，侥幸存活，未"死"于半路，未折于资本，未撂挑子于合伙人，从今年开始，我们还合作了一档餐饮访谈节目《餐饮朝前看》。我们俩见面，聊的更多的是两个奶爸的养娃心得。他年轻的时候画过画，我年轻的时候写过诗，他方脸，我

光头。人生尽管尴尬，我们两人出镜的海报上，恍如捧哏逗哏的拍档，在交替窘迫的人间，互相取暖。

在很长时间里，我们人生轨迹甚少相交，他研究的是"餐饮"，我琢磨的是"美食"。对于许多人来说，这都是"饭桌上的那点事儿"，似乎是一码事，实则不然。

"美食"是文化，历朝历代的文人都有闲适之情，借由吃喝抒发生活态度。古有苏东坡、袁枚、李渔，近有汪曾祺、梁实秋、周作人、蔡澜，写吃喝小品，做饕餮馋人。这一脉上，讲究觅食、风土、传奇、见闻、食材、掌故、名厨、名菜、人情冷暖、世事寒凉……从吃喝出发，在旷野中一荡，"但去莫复问，白云无尽时"。

"餐饮"是行业，是伴随着改革开放，以民营经济为主体蓬勃发展起来的年销售总额超过 5 万亿的巨大产业，是一个充分市场竞争、快速迭代、模式层出不穷、各领风骚、永远热情澎湃的增量市场。这一脉上，更多的是商业逻辑、市场机会、餐饮模型、认知增长、管理、门店、收入分配、产品策略、品牌定位、下沉市场、出海红利、人性洞察、人效、坪效、搞钱……没有那么多风花雪月、舌尖感触，都是吃喝背后的商业模式，没有旷野，都是轨道，"数风流人物，还看今朝"。

长久以来，我们目所能及的美食相关书籍层出不穷，然而与餐饮行业相关的商业类书籍少得可怜。其实，洞察商业逻辑与餐饮行业，需要更专业的视角，更深入的探索，更漫长的耕耘。唯有对整个行业有了更深刻的认知，才有可能形成自己的完整认知链条。这并非不咸不淡吃几顿饭写点"吃后感"就能完成的。

秦朝这些年专攻此道，十余年的亲见亲历，有幸见证了一个波澜壮阔的快速增长的时代。过去 20 年，中国餐饮业的巨变与发展，的确需要有一批亲历者总结经验，启迪智慧。

故而，本书是写给勤勉的餐饮同行，也写给对这个行业感兴趣的食客，更是写给一个蓬勃的时代。它不仅仅记录了一个时代的口感，更重要的是，这本书里始终有一种朝前看的勇气与豁达。年景有起有落，付出总有回报。

推荐序 3

洞察行业逻辑 穿越全新周期

中国连锁经营协会副会长兼秘书长　王洪涛

那是一个骄阳似火的周末午后，我在北京阜内大街一个胡同里的狭小咖啡馆发呆，人很多，大家坐得很局促。正在这个时候，我收到了秦朝发来的电子书稿。

打开文件，看到目录，我就对这本书的内容产生了极大的兴趣。手机上 PDF 的字体很小，但我还是在这种嘈杂的环境中一口气将它读完了。

简单复盘一下当时看完书稿后我的感受：清风拂面，酣畅舒爽。初尝淡雅清新，细品回味无穷。

虽是真切感受，但给读者推荐，用以上两句未免有点故弄玄虚。时隔几日,坐在办公桌前,正式写这篇推荐序,就要言之有物了。我就试着总结出我认为本书值得一读的四个方面:首先,文风平和,着笔不做作,读起来轻松愉快;其次,内容由四大篇章组成,结构既层层递进,又被一个个独立观点串起,阅读起来没有压力;再次,每个章节涵盖了中国餐饮十多年的众多案例、人物、趋势,浓缩了作者独特的剖析和解读视角,以及深刻洞察;最后,没有说教式的方法论,却蕴藏着对行业的思考和使命。前两点是写作技术层面的观感,后两点是内容带给读者价值的关键。

中国的消费市场正在经历一场前所未有的变化,餐饮行业身处其中,也首当其冲。如何在变革时期存活下来,穿越周期,甚至是脱颖而出成为行业企业关注的重点呢?本书并不主张准确告诉你该怎么做,更多是带给餐饮从业者一些思考。它意在带领餐饮从业者和作者秦朝一起,跳出行业本身,从观察者的角度去思考一些现象和案例背后的逻辑,总结和发现行业发展的规律。同时,它也会带着餐饮行业之外的读者,去深入了解餐饮行业背后的门道,揭开优秀餐饮企业的神秘面纱。

作者创建餐饮垂类新媒体平台,并将其打造成行业头部影响力服务平台，十多年来为行业的发展做出了积极的贡献。今天又把自己这些年在服务行业过程中所积累的对行业的思考外化成书，可以说是做了件有功德的事情，感谢秦朝。

餐饮行业虽然面临着诸多挑战，但我始终坚信，民以食为天，中国的餐饮行业一定能够持续蓬勃发展，不仅满足于国内消费者，还会将中国味道带到全世界。

感谢所有为中国餐饮行业发展辛勤工作的各位同仁。大家辛苦之余，捧起这本书，相信会有和我一样的感受。

推荐序 4

实践经验总结 激发更多活力

香港餐饮行业协会会长　陈嘉华

能够认识秦朝,对我来说是莫大的荣幸。他不仅是餐饮界的翘楚,更是一位拥有深厚学识和敏锐洞察力的智者。今天,我非常高兴分享他的新书,并为这本书写一篇推荐序。

初见秦朝,是在一个由"餐饮老板内参"组织的香港澳门游学团。作为香港餐饮行业协会的会长,我尽地主之谊,带领他和他的团员参观香港餐饮企业并进行行业交流。几天的接触,给我留下了非常深刻的印象。他温文儒雅,谈吐幽默而不失深度,对香港与内地餐饮发展的洞见,让我眼前一亮。作为一个美食狂热分子,他可以利用一个小时的空档,打 200 块钱的的士,去吃不到 100 块钱的牛腩河粉。那时我就意识到,这位餐饮专家不仅对行业有着深刻的认知,更有一颗可以推动行业前行的热忱之心。

自那以后，我们成了良朋知己，共同见证了两地餐饮业的诸多变化与发展。之后，我们经历了不同的合作，让我更了解他的专业素养和独特见解。他在内地餐饮发展上的指导对我而言尤为宝贵，常常在我们的交流中提供具有前瞻性的建议，这些建议帮助我更好地理解和应对各种挑战，并获得了重要突破。他的智慧和经验使我在业务发展中受益匪浅。

他的新书，凝聚了多年来在餐饮业的深刻见解与实践经验。书中的内容丰富多元，从餐饮文化的交流，到经营理念的分享，再到具体实践的细节，每一章都充满了智慧与洞见。全书由浅入深、由点到面地解析了餐饮业的发展趋势和经营策略。特别在"出海"这一部分，以实例和数据结合，视野扩展到国际市场，探讨了中餐出海的策略与挑战。无论是快餐出海的策略，还是餐饮创新的输出，都表现出了他对行业的高瞻远瞩和深刻洞察。对于希望开拓国际市场的餐饮从业者，这部分内容无疑是一次全面的指导，为我们展示了餐饮业从本地到国际的全景图。

书中的内容，不仅是理论的阐述，更是实践经验的精髓总结。在共同推动香港与内地餐饮交流的过程中，我们见证了许多传承故事和成功案例。

他始终坚信,虽然挑战重重,困难多多,但无论是香港还是内地的餐饮都有着无限的潜力与魅力。两地的交流与合作,能够相互取长补短,激发出更多的创新与活力。

感谢秦朝,感谢他对行业的深厚贡献和无私分享。这本书不仅是对行业的献礼,更是对未来的展望。希望各位读者能从中受益,共同推动香港与内地餐饮业的繁荣发展。

我深信,凡是对餐饮业有兴趣的朋友,都能从中获得启发和经验。总之,看完这本书,你一定会对餐饮业有更多的理解和热爱。

推荐序 5

唯有认知未来 才有星辰大海

加拿大中餐及酒店管理协会会长　Catherine

我眼中的秦朝,是个从不煽情,还能不枯燥地讲述一个道理的男人,是个个子不算高但讲话有高度、有深度的媒体人。我喜欢听他讲话,中听,让人服气,不会起一身鸡皮疙瘩,也不会空打一腔"鸡血"。

能够认识他,对我在加拿大做餐饮协会这件事有着深刻的影响。

几乎是刚成立加拿大中餐及酒店管理协会的大半年后,第一次回国出差,我通过引荐,坐在了"餐饮老板内参"位于北京望京 CBD 的办公室,对话秦朝。

他问我，协会如何为中加餐饮人服务。我说了十分钟。他总结了六个字：学习、交流、赋能。

从那次起，我每年都去参加他组织的行业峰会——中国餐饮创新大会，并在这个平台上就北美与中国的餐饮品牌和趋势相互交流。

为了建立一个稳定、持续、真正有价值的中加餐饮行业交流通道，并为中餐出海做些服务。我们一拍即合，成立"餐饮老板内参"北美站，并打造"餐饮老板内参"大鱼餐饮学院的北美版。不得不感叹，这个举措相当具有前瞻性。

几年之后，中国餐饮品牌以前所未有的热情开启了新一波出海浪潮，呈现燎原之势。我们所积淀下来的服务、创新、务实的资源优势得以淋漓发挥，为出海品牌实实在在做价值赋能。骄傲地说，这让加拿大的协会引领了餐饮界的风潮，迅速发展成为强大、创新、易落地的服务性组织，成为北美餐饮链接主流和海外资源的主要渠道。

秦朝多次亲自带领中国餐饮企业家，来加拿大考察，与当地华人餐饮企业家、加拿大餐饮老板和供应链企业交流访谈。而他总是双眼灼灼，聚精会神，看到问题的本质，讲出品牌的内在。

他的冷静洞察力让我佩服不已。

作为行业头部媒体创始人，他和他的团队十余年间不断地为行业输出高质量的内容、案例、研究报告等，成为行业不可或缺的智库和生态关键一环，增强了我对餐饮世界的理解。我甚至感觉，无论从个人伙伴或是行业推手角度而言，没有他，不太行。

感谢他又为我们带来这本行业首部认知书，尤其在当下充满迷雾与不确定的世界，唯有认知，可以带我们步入更好的未来！

自 序

餐饮有门槛 一切皆常识

作为一个连续深耕餐饮十几年的行业观察者、分析者和创业者，我是幸运的，因为我把热爱变成了工作，更融入了日常生活。

更幸运的是，我进入餐饮，创业做新媒体的起点，恰好是中国餐饮迎来品类、品牌、连锁化、供应链、线上平台、资本化、信息化，甚至 AI 智能集中创新、加速赋能、能量爆发的时代。餐饮业完整亲历、完美结合了移动互联网赋予的所有机会，并将继续嵌入智能未来。

历来被视作传统行业的餐饮业，实质上已经搭乘这股轰轰烈烈的技术革命、万众创新风潮，实现了脱胎换骨般的新生。

不信你看，今天的头部餐饮老板、黑马品牌的创始人，他们的话语体系、商业格局、社交生态，相比 2012 年以前，已经发生翻天覆地的变化。可能连他们都惊讶自己已判若两人。

在浩荡剧变的新时代激流中，我依然认为餐饮业才刚刚开启属于自己的黄金时代。尽管开店的盲目、闭店的残酷、"内卷"的无助、出局的神速每天还在上演，但行业创新升级、效率增长、规模发展、品牌打造的底层逻辑亦在滚滚向前。

中国需要更多的企业化、规模级、能够走向世界的餐饮品牌，才能输出和刷新中国独特的文化，让美食大国变身餐饮强国，让古老传统变为现代传承。现在，越来越多的行业长期主义者笃信这一逻辑，因为短期逐利的红利几近消失。

在今天入局餐饮，认知的决定性作用愈加凸显。朴素的产品主义与深远的认知格局，并存而又结果迥异。目的地决定交通工具。于是，我们今天可以看到无比多元的入行姿势。然而繁花入眼，底层未变，在几乎没有错过任何一个行业创新、案例与风口的观察经验上，我更加清晰地感觉到——基本最无敌，常识最可靠。

所有形式的创新终将被时间更迭，唯有认知与常识可以穿过周期。所以，我的这本小书，既没有刻意制造一个宏大的主题，好像要为这个大变革时代总结一个注脚，我觉得没有必要也驾驭不了；也没有抛出更多的工具和方法让大家拿来即用，因为所有具体的方法都只在具体的场景才能奏效，在这样一个行业变局中，很多"特效药"一样的方法论基本上可以视作即用即抛。

这是一个追求创新与原创的黄金时代，唯有强化认知才能坚固我们的底层逻辑，引领我们守正出奇。

所以我愿意定义我的这本小书，只不过是自己身处行业的一本认知书，一本常识录。不一定是对的，但至少是思考过的。

我为完整记录着这个餐饮新时代而自豪。

目录

contents

第一部分 入局

001 劝你别在
一线城市开餐厅 / 3

002 餐饮业的成功者
之前全是门外汉 / 8

003 所谓品类定位
就是在餐饮"武林大会"
博一席之地 / 16

004 成为第一
胜过做得更好 / 21

005 情怀很重要
让别人为情怀买单很难 / 26

006 能存在 30 年的品类
就能继续存在 30 年 / 32

007 好吃的产品就像拳击手套
但手套好不一定打赢比赛 / 41

008 品类必须聚焦
品质和效率才会提高 / 46

009 打造仪式感
小吃变大餐 / 53

010 品类里的"老实人"
一不够快二不会卖 / 57

011 马太效应下
大树底下不长草 / 62

012 **别只听大佬怎么说**
关键要看他怎么做 / 67

013 **"拿来主义"是**
头部特权 / 71

014 **餐饮业正负能量**
复盘行业看真相 / 76

第二部分
常识

015 **新手开业喜欢打折促销**
"老炮"新店喜欢慢慢磨刀 / 87

016 **堂食与外卖**
相杀又相爱 / 91

017 **快餐、正餐与商餐**
要烫、要棒更要靓 / 96

018 **多数地标餐饮**
只能活在当地 / 100

019 **兴于新中产**
死于翻台率 / 104

020 **社区餐饮之王**
对标的其实是家庭厨房 / 108

021 **餐饮新算法**
避开大单品复购率陷阱 / 114

022 **正餐做快餐**
先看"基因"是什么 / 119

contents

023 **单店盈利规模**
　　比连锁规模更重要 / 125

024 **加盟品牌要警惕**
　　不要彻底变成 to B 公司 / 135

025 **高翻店率时代的**
　　"餐饮入殓师"
　　和"餐饮续命师" / 140

第三部分
突围

026 **不降低毛利率**
　　就不会有品质性价比 / 149

027 **有问题不可怕**
　　怕的是不变化 / 154

028 **餐饮是个**
　　"吃草供奶"型"物种" / 159

029 **不是工具箱里没工具**
　　而是意识里的难扭转 / 163

030 **高端餐饮除了高大上**
　　真的不能太好吃吗 / 168

031 **大师菜 + 标准菜**
　　将会成常态 / 174

032 **连锁餐饮要摘的"星"**
　　是星辰大海的"星" / 179

- 033 老板做决策
  - 可以先僵化再优化 / 184
- 034 重要的方法只有一个
  - 那就是重复 / 188

第四部分　出海

- 035 中餐出海：
  - 国内十年餐饮创新的
  - 一次整装输出 / 203
- 036 中餐出海如何落地：
  - 供应链与本土化 / 209
- 037 中国餐饮
  - 真的能摸着日本过河吗 / 216
- 038 快餐出海新加坡：
  - 两大挑战与战略 / 225

后　记 / 234

第一部分

入局

001 / 劝你别在一线城市开餐厅

我有两个好朋友。

一个是老赵,之前在北京折腾餐饮好几年,正餐、快餐都干过,但总的来说没赚到什么钱。前两年回到大连,开了几家川菜小酒馆。上次见面,特别感慨地说:投资餐饮这么些年,终于体会到回头钱的感觉了!

他的店坐落在大连市的黄金位置星海广场,租金一个月三四万块,空间设计讲究,还发售了一款用自己名字定制命名的酱香白酒。整体的出品和环境,在大连同城品类业态中已经是佼佼者,所以回头客多。差不多一两天就能赚回一个月房租,余下的日子可以轻松数钱。

另一位朋友老杨，前些年也在北京打拼，干展会活动策划，兼任大型婚庆司仪。后来生活和事业都倦了，想到天涯海角寻一处清净地。

结果跑去三亚开了家面馆，主营猛火现炒浇头拌面。搞笑的是，本来想静静的他，现在最痛苦的事，是每天站在灶台前一顿操作猛如虎，想停停不下来。本来一个还算文静的司仪，结果被猛火炼出了暴脾气。老杨经常被吐槽服务态度不好，原因是他根本停不下来手中的颠锅，加上强大的烟机噪声，他根本听不清顾客对他的吆喝。

常言道，每个神店背后都有一位有脾气有个性的老板。久而久之，任性的坏脾气反倒成了面馆特色，很多老粉丝开车几十里专程来吃。老杨最烦恼的事，就是说好晚上十点打烊，结果又来了一拨客人，于是洗洗涮涮每天忙到凌晨一两点才能收工。

与一线城市居高不下的房租、人工成本相比，二、三线城市的成本结构不要太"香"。优良的投资回报率，就有条件可以将更多心思花在好食材、好产品上，与顾客形成良性复购关系，才能长期耐心经营下去。

一线城市图名，下沉市场为利，劝你务实选择。

很多时候，北上广一线大城市的消费力，对于大多处于30—80元客单价区间的大众餐饮业态而言，是个伪命题。一线城市的消费力，可能直接体现在餐饮业金字塔尖的一部分中高端精致餐饮上。

大多数大众餐饮的利润空间，在今天这样"内卷"的环境下，会被高房租、高人工、高营销成本压榨得所剩无几。越是大城市的消费者，越懂得精打细算。今天很多大城市的消费者，大多已经被互相"内卷"的商家养成了"没券不吃"的"羊毛党"。

当然，成为全国品牌，占领品牌高地，打造高端势能，可能是这些年很多在一线城市开店的餐饮老板最大的战略执念。但一些背后叫好不叫座的苦，也只有自己知道。

相反，低线下沉市场的消费力才是真"硬核"。

一方面，小城顾客没有房租、还贷压力，而且餐饮是主流的消费加娱乐方式，餐饮消费占其收入比重大。最关键的是，大众餐饮消费的客单价，其实与大城市很接近。比如在北京吃麦当劳，跟在三亚吃麦当劳花的钱差不多；在上海吃海底捞，跟在大连吃一顿海底捞的客单价也差不多。

另一方面，越来越多的人群逃离北上广，回流到下沉城市，使得下沉市场的消费主力军变得活力四射。加上消费降级的作用，很多大城市的人也会在周末跑到下沉市场消费狂欢，君不见淄博烧烤、锦州大排档每晚人头攒动、车水马龙。

再者，小城不"卷"，不像一线城市促销动作那么多，各种价格战满天飞，促销被打到"骨折"。在下沉市场，但凡能在品牌调性、装修体验、产品特色上有亮点，基本就能够做到降维打击，在当地引领一波消费风潮。比如蜜雪冰城在很多县城已成为一种社交货币。

还有一个事实是，这几年，几乎所有火爆出圈的餐饮品类头部黑马，或者开出几百家上千家店的新锐连锁品牌，大部分都来自非一线的下沉城市。尽管有些品牌为了造势也开始在一线城市布局，但最赚钱的店一定还是在他们的老家和下沉大本营。

一线城市图名，下沉市场为利，劝你务实选择。

002 / 餐饮业的成功者之前全是门外汉

餐饮业越来越成为全民创业首选，尤其是来自教育、房地产、互联网等多行业的高学历人才，正主动或被动地涌入餐饮业。

其实早在 2012 年，类似的"人才挤入"效应就曾发生过。当年以"互联网餐饮"为号，许多从"互联网大厂"辞职创业的才俊，乘着"大众创业，万众创新"的东风，雄心勃勃闯入餐饮业。黄太吉、西少爷、宇宙卷饼、霸蛮牛肉粉、叫个鸭子、海盗虾饭、夹克的虾……一批从命名上就能看出带有明显互联网特质的餐饮品牌，几乎让整个社会眼前一亮。

一时间，餐饮江湖风起云涌，连同移动互联网普及、平台外卖崛起、资本重金入局……一起拉开一个空前的餐饮创新时代大幕。现在看看，意义依然十分重大。

人是所有行业的第一资源，也是变革与创新的最大动力。

大量的跨界人才涌进餐饮及其上下游产业，也共同开启了中国餐饮公司化、品牌化、连锁化、资本化、科技化的发展新周期。

中国餐饮市场品类与品牌创新进程，由此按下快进键：从过去引入国外品牌，到创造本土品牌；从过去有品类无品牌，到品类头部大爆发；从过去开餐馆，到餐饮企业"新物种"……简直是乾坤挪移，行业变革。

然而，作为一直偏传统的服务行业，面临如此突如其来的行业大爆炸，新旧观念的冲突在所难免。

"内行人"看不上"外行人"，"根本不懂餐饮瞎折腾"……类似的指点时有发生。

在过去相当长的时期，餐饮业的能力模型是以厨师为中心构建的。传统中餐领域，有时候甚至连出钱投资的老板也会被厨师长视作不懂行，处于被动地位。老板被后厨架空、蒙蔽、挖坑的例子也不在少数。

而这种关系格局，随着上述餐饮大变革时代的开启，也被彻底改写了。

如果我们扒一下很多餐饮头部企业的老板，就会惊奇地发现，他们居然清一色是跨界过来的"门外汉"：

1. 海底捞张勇

当年毕业于简阳空分技工学校，后进入四川拖拉机厂，工作6年。1994年，第一家海底捞火锅店正式开业。

2. 新荣记张勇

据他自己说，干餐饮前做过许多生意，包括开汽配店，但做什么亏什么，最后发现就适合开餐厅。1995年10月，他的小排

真正的对手
从来不会出现在对手名单上。

档重装开业,命名"新荣记"。

3. 西贝莜面村贾国龙

"60后",土生土长内蒙古人。1986年9月考上大连水产学院,读大学期间勤工俭学,将大连的紧俏商品背回家乡巴彦淖尔,赚取第一桶金。后来在家乡的一次展销会上租摊位卖面,由此启蒙。再后来涉足酒吧等多种业态,亲手打造出一二十个餐饮品牌,最终成就了西贝莜面村这个中餐业的BAT。

4. 王品集团戴胜益

中国台湾人,37岁离开家族企业,与陈正辉合伙创业,从卖鸵鸟皮开始,开了个鸵鸟园。1992年发展出四座游乐园,后又创办演唱会经纪公司和金氏(吉尼斯)世界纪录博物馆。1993年,正式创办王品。

5. 外婆家吴国平

杭州塑料工业公司普通职工,一路升职打怪,晋升为公司董事。1989年前往德国接受培训，回来后，又在浙江大学管理学院进修。1998年，吴国平辞去工作，和妻子开了外婆家家乡面馆杭州餐厅。2008年，外婆家开进杭州大厦。

6. 巴奴毛肚火锅杜中兵

19岁自立门户当老板，21岁赚到了人生第一个100万。1999年成为家乡有影响力的企业家。后来发现市场上火锅用的毛肚大多用火碱发制，觉得不健康，为了开一家让自己和家人朋友敢来放心吃的火锅，引入西南大学的"木瓜蛋白酶嫩化"专利技术发制毛肚，开创巴奴毛肚火锅。

……

这些跨界进入餐饮的"门外汉"，如今却都是中餐行业的领军人物。即便是近些年，那些异军突起的餐饮品类创新黑马，绝大多数也是这样的"外行人"。

餐饮头部创始人"门外汉"数不胜数，传统意义的大厨老板其实凤毛麟角。

国外依然如此。

麦当劳创始人雷·克拉克是推销员出身，做过销售经理。52岁时，为麦克唐纳（McDonald）兄弟推销麦当劳快餐店专营证，自己便在伊利诺伊州加盟了一个麦当劳快餐店。后全盘接手麦当劳，缔造出辉煌的金拱门。

将星巴克推上快车道的霍华德·舒尔茨，毕业于美国北密歇根大学，1975年进入施乐公司工作，1982年，成为星巴克的市场部和零售部经理。1987年，他买下处于财务困境的星巴克，开启了星巴克的霍华德·舒尔茨时代。

在很多领域，颠覆和创新都是从边缘发生的。就像真正的对手从来不会出现在对手名单上。

在"正宗为王"的传统餐饮业，很多"老字号"故步自封，把一切传统理念视作神圣不可侵犯的信条，最终却难逃被时代抛弃、被消费者抛弃、被行业踢出局的命运。

一生学厨，自称"一个厨子"的百胜中国中餐首席顾问、黄记煌三汁焖锅创始人黄耕，说起行业里对餐饮"正宗"的执念时，一针见血：

"做餐饮千万别说自己是多么的正宗。不管你是一个百年老店，还是一个只有几年的品牌，如果你总抱着自己多么正宗的观念，可能真的就走不出你的家门。

"餐饮这个行业需要传承，不需要正宗。所谓的正宗一定是迎合市场，随着时间的改变，不断做自我的调整和完善。"

相比之下，看似来自行业边缘的跨界者、行外人，没有接受过所谓"正宗"信条的教育，没有被惯性和标准框死，反而成为最勇敢的创新者。

他们以更大的开放性，为餐饮行业带来不同的、更大的见识和格局，把更多资源注入餐饮业，让改变发生。

003 / 所谓品类定位就是在餐饮"武林大会"博一席之地

巴奴毛肚火锅创始人杜中兵，几年前跟我聊对品类定位的理解，至今令我印象深刻。

他说品类怎么定位？其实就是在餐饮行业这个大武林里，重新开创一个门派。这样我去参加"武林大会"时，即使我是个小门派的掌门人，也会有一把交椅。

杜总这个形象的比喻，我一直觉得十分传神。其实他所讲的就是品类定位的核心思想：做第一。

西贝莜面村创始人贾国龙，同样有一句话："不争第一，我们做什么？"这句话被写进了西贝的发展蓝图里。

其实，按照我的理解，对于所有餐饮创业者来说，你要选择一个餐饮品类，至少有两个最基本的定位方法论：要么规模第一，要么好吃第一。

首先，如果做规模第一。

那我们要先选一个品类树，这棵树越大越好，因为大树底下才好乘凉；品类的供应链要足够大，比如鸡、鸭、鱼、牛、羊这些大的肉类供应链；品类的受众基数也要大，这样就不用去教育市场，比如火锅、烧烤、米饭、面条、饮品。

这两点的目的，其实就是找到一个天花板足够高的品类空间，防止越做越窄。

2024年3月，我和国内很多餐饮老板一起，在德国参加了科隆国际食品展，深受震撼。在那里，我似乎看到了世界上超大餐饮食品品类的源头和真相。你会觉得偌大一个世界餐饮舞台，品类的主角却只集中在牛肉、鸡肉、猪肉、汉堡、鸡块、烤肉、串串、肉丸等屈指可数的供应链种类和产品原型上。围绕这几个大赛道，全世界最先进的食品工业、AI智能设备都在为它们研发、赋能。

我当时就觉得，一个餐饮品类的兴起，本质上并不是由餐饮老板创造的，而是由上游供应链决定的。选择大于努力。

其次，如果做好吃第一。

做餐饮也不一定非要做大，做强同样有价值。全世界的米其林餐厅，有很多也只是一个苍蝇馆子，但它的行业地位依然出众，好生意更是不在话下。

西贝贾总也曾说过："好吃的餐馆没有生意差的。"

喜家德创始人高德福也曾发自肺腑地说："做餐饮几十年，我始终坚信，餐饮餐饮，饭不好吃了，这个店就不在了。"

能为顾客提供好吃的产品，应该作为所有餐饮人起码的入门要求，如果没有这个初心，干餐饮就等于一场冒险。

遗憾的是，这个本该是餐饮生意第一卖点的常识，大部分从品类定位：要么规模第一，要么好吃第一。

业者其实做不到。这也是造成餐饮业倒闭率高的原因之一，甚至是最大原因。

很多时候不是餐饮竞争激烈，而是你的产品真的不好吃。

哪怕就开一家夫妻店，某个产品能不能做到这条街最好吃？这个城市第一名？如果能，相信一定能活得好。这就像武林大会里的门派，虽然小，但我有绝招，同样也会有一席之地。

004 / 成为第一 胜过做得更好

曾有一部十分风靡的印度宝莱坞电影《摔跤吧,爸爸》,取材真实故事。它讲述了一位印度爸爸,顶着世俗的偏见竭尽全力培养两个女儿成为摔跤冠军,为印度摘得第一块世界摔跤比赛金牌的励志故事。

在夺冠前夜,爸爸马哈维亚对大女儿吉塔做赛前的心理疏导:

"明天的比赛,你一定要让人们记住你。人们只能记住获得金牌的那个人。因此,你必须赢。"这个片段让我想起杰克·特劳特的《22条商规》,其中一条"领先定律"是:成为第一胜过做得更好。

在潜在顾客心智中先入为主、成为第一，要比让顾客相信你的产品好过同赛道的其他产品，意义更重要。

并不是把产品做好不重要，而是好产品可能有很多，但被称作"第一"的好产品只有一个。成为第一，就能被更多人认可、使用。

就像电影中的女儿吉塔实力强悍，是爸爸的好"产品"。但在全世界范围内，跟吉塔实力不相上下的肯定不止一个。假如她没有为印度拿下第一枚摔跤金牌，恐怕导演就不会拍出这部电影。

中国餐饮还正处在一个"乱世出英雄"的好时代，尤其在重视品质、品牌的餐饮消费新周期里，围绕餐饮品类创新依然是行业创业的主流趋势，众多细分品类里的机会等待被挖掘。如何成为细分品类里的第一品牌，是所有品类创业者不断思考和努力的目标。

一旦将品类跟你的品牌画上等号，就相当于掌握了这个品类的品牌认知和流量入口。传统餐饮业中，大家普遍忽视品类的

品类不分大小,
第一无可替代。

品牌化机会。当然，一是缺少标准化的供应链支撑，二是传统餐饮人缺乏品牌意识，以及缺少打造品牌的方法论。

自 2012 年之后，随着中高端餐饮第一次转型，加上移动互联网的崛起，餐饮供应链企业、服务商、咨询公司、媒体纷纷跑步入局，成为餐饮行业新基建。以大众餐饮连锁为代表的中国餐饮行业掀起了品类创新、品牌创新的黄金时代。

一场"品类+品牌"的认知争夺战由此拉开序幕：

巴奴毛肚火锅凭借"毛肚火锅"这一细分定位，在海底捞统治的火锅江湖成功破圈；

乐凯撒开创"榴梿比萨"细分品类，避开与必胜客的正面对抗成为比萨黑马；

喜家德的虾仁水饺、海胆水饺、芝士牛肉水饺，打出一套细分品类组合拳，并打造"饺子博物馆"，稳坐水饺界头把交椅；

费大厨靠着一道"辣椒炒肉"，代表湘菜火遍全国；

辣可可更是细中又细，凭着"分部位小炒黄牛肉"，在一片小炒红海中突出重围；

……

品类不分大小，第一无可替代。在前几年餐饮与新消费投资如日中天的年代，很多投资机构的基本投资逻辑是，只投品类的第一名，或者有希望成为品类第一的选手。

特劳特心智定律的核心观点说得更为直白：市场营销是一场争夺认知而不是产品的战争，在进入市场之前应该率先进入心智。

005 / 情怀很重要
让别人为情怀买单很难

多数餐饮人选择品类时，常常会有两个误区：

1. 避开大品类，热衷独创新品类

准备干餐饮的老板一般有两种，一种是看市场数据，把市场上规模最大的前几名品类和品牌列出来，然后找差异创新的机会；另一种也是看数据，也把市场上规模最大的品类和品牌列出来，然后用排除法，别人干过的我不干。

没有完全的对错之分。但前者更懂得借势，后者总想搞点"创新"。每个人都想搞出真正属于自己的东西，但每个人对属于自己东西的理解又不一样。喜欢搞点"创新"的人可能也有两种情况，要么害怕跟已经成功的大佬竞争，要么心里看不上前辈取得的成功。更有甚者，总觉得大佬们的创新已经老套，不够好。我就听过很多行业人妄加评论麦当劳、海底捞这里不行，那里也做得不怎么样，感觉明天就要倒闭似的。

碰到这样不知深浅的创业者，我一般都无言以对，哪怕多说一句也是劝他最好别干餐饮。

聪明的创新从来离不开借鉴，就像学习画画要先懂得临摹大师的作品。这个真理放在试错和沉没成本极高的餐饮业，更加适用。

说实话，餐饮人每开一次店，差不多等于上一次赌桌，并且是梭哈式的。房租、装修、设备、人工、物料，几乎都是一次性投入、全部会沉没的成本。一旦失败，真的是"西装进去、短裤出来"。

所以那些有经验的餐饮"老炮"，往往喜欢在挤满"对手"的赛道上找机会，以降低试错的风险。在他们看来，越是大家都愿意做的主流大品类，成功的概率越大，孕育大品牌的机会也更大。

品类只有坡长雪厚，品牌才能不断强大。相反，如果选择一个冷门的品类，甚至无中生有"创造"一个自认为独特的品类，则意味着这也可能是一条难啃的赛道。要么做不好，要么长不大，萌芽期就"挂掉"的风险很大。

大赛道不需要教育消费者，让消费者认知并接受你的产品，比做好一个产品难一百倍。在餐饮行业，不要轻易走没人愿意走的路，因为那通常也意味着无路可走。

寻找标杆、学习标杆，最后才是超越标杆。餐饮大品类赛道里的高手，正是可以学习的对象。成熟的供应链基础，相当于强大的后勤力量，会分担很多不必要的从零到一，让你更专注、更聚焦在自己擅长的事情上。

这些年火锅一跃成为餐饮业最大的品类之一，海底捞更是火锅中餐连锁的带头大哥。在海底捞后面，站满了大批优秀的各火锅细分领域的头部品牌，各领风骚。

品类只有坡长雪厚,品牌才能不断强大。

2. 怀念"妈妈的味道",热衷记忆里的美食

很多餐厅都有一个统一的品牌故事版本:"小时候,妈妈经常给我做的一道菜……那是全天下最好吃的美味……后来,我把它开成了餐厅……"

很多的餐饮创业者,真的都会有这样的情怀:还原小时候"妈妈的味道",把它分享给更多的人。

我想说的是,在九死一生的创业路上,过度讲情怀是创业的大坑。所有餐饮创业者应该有个理性认知前提:创业首先是生意,生意生意,就是先活着才有意义。

在西贝的品牌宣传文案里,创始人贾国龙有这样一段话:"我从小就爱吃莜面,因为我妈妈莜面做得特别好……"说明了西贝莜面村的由来。

但如果简单把西贝的成功理解为创始人太爱"妈妈的味道",那就片面了。

西贝作为一个内蒙古特色中餐厅，顾客印象深刻的，其实是一系列以高品质食材为基础、由顶级厨师团队研发的西北牛羊肉特色菜品，除了莜面，消费者可能更喜爱十大招牌菜，如牛大骨、大盘鸡、羊棒骨、羊肉串等，这些才是高频复购的爆品。

而莜面的确饱含了贾总对母亲的爱。但是仅仅为了让顾客能读准"莜面"这两个字，贾总就狂砸千万重金，请华与华公司打造"超级符号"——"I love 莜（you）"。试问一个初创餐饮老板，谁能付得起这样的认知教育成本？

所以，情怀很重要，但也很贵重。

做出有"妈妈味道的菜"容易，但是让别人接受别人的妈妈却很难。

006 / 能存在 30 年的品类就能继续存在 30 年

选品类就是选赛道，选发展空间。谁都希望选到"坡长""雪厚"的好餐饮品类赛道，这样的品类会有哪些共性？我们从产品味型、形态搭配、品类周期等几个方面来探讨一下。

1. 甜和辣是大赛道

从餐饮消费者需求端来看，甜味和辣味的市场份额最大。"餐饮老板内参"每年出版的《中国餐饮报告白皮书》中，从消费者年龄段分布，以及对味道的偏爱数据看，结论大体如下："80后"喜欢吃鲜、"90后"喜欢吃辣、"00后"喜欢吃甜。

也就是按照年龄层区分的话，40岁以上中年人口味逐渐变得清淡，更重视新鲜有品质的食材；30 岁左右最具社交活力的客群，嗜辣如命，无辣不欢；20 岁左右的年轻人则是"甜蜜一族"，是奶茶和"快乐水"的畅饮主力军。

这里面还隐藏着一个味型闭环，就是"甜能解辣"。所以我们经常会看到，甜味和辣味的产品，会被搭配在一个菜单中。准确地说，甜品菜单里不一定有辣品，但辣品为主的菜单里一定会有甜品。

当年凑凑火锅率先开创的"台式火锅＋现制茶档"门店经典模型，在火锅领域新创了甜辣组合。高溢价的现制奶茶，成为每桌的必点，甚至高频续杯，创造了很高的平效。凑凑的茶饮销售额，一度占到门店整体营收的 20%。模式创新带来的亮眼业绩，也曾为呷哺呷哺在资本市场上的股价飙涨立下汗马功劳。

如今的现制新中式饮品，已经成为火锅乃至众多品类赛道的标准配置。而在此之前，在传统四川火锅里，解辣的产品搭配是冰粉、红糖糍粑等，只不过与新茶饮相比，溢价能力和对利润的贡献度就弱了许多。

与此同时，甜味和辣味也同属成瘾性味觉。

有一次，我在新加坡跟好朋友——拥有新加坡版"蜜雪冰城"称号的奶茶连锁品牌 LiHO TEA 创始人、RTG 餐饮集团董事长郑惠元——讨论关于新加坡的"禁甜令"：

"自 2022 年 12 月 30 日起，新加坡标志计划（Nutri-Grade）正式生效。根据 Nutri-Grade 分级法，对所有饮料分为 A、B、C、D 四个颜色等级。其中 A 级的糖分和饱和脂肪含量限值最低，D 级的糖分和饱和脂肪含量限值最高。等级为 C 或 D 级的饮料必须在包装正面贴上 Nutri-Grade 标志。评级为 D 级的饮料禁止发布广告，在零售终端的店内广告也必须显示 Nutri-Grade 标志的图标。"

我问他这个规定对消费者喝奶茶有没有影响。他说一开始也很担心，顾客会不会因为健康提示影响到销量，但后来发现完全没有。不仅如此，有的顾客点单时甚至点名 D 标准，要加甜版，还调侃说"D is delicious！"（D 是顶呱呱的 D！）

仔细想想，其实标不标所谓糖分标签，对消费决策的影响微

没有消亡的经典品类，
一定有快速过气的流行爆品。

乎其微。就比如吃甜太多会产生蛀牙，这个道理在没贴标签之前，全世界的人也从小都被妈妈教育过。但结果呢？该看牙医看牙医，该吃糖吃糖，根本拦不住。喜欢甜水的人，平时哪怕在星巴克点咖啡，都会选择多加一泵糖。

就像香烟盒上印有"吸烟有害健康"的警示一样，虽然尽到了提示的义务，但是却很难阻止烟民。

2. 产品有汤有汁有热气

大多数的中餐大众品类，基本都离不开入味、锅气这两个产品法则，这是消费者对中餐根深蒂固的认知。有汤汁的菜品才够味，有热气才有人间烟火。现在大到品类火锅，小到热气腾腾的国民小吃包子、粥品、油条，以及当下如日中天的川湘中式现炒、朝鲜族拌饭……全部具备这些属性。

相反，给大家举个因为没有热气而失败的品类案例：国内某速冻食品头部，曾全力推动过一个"0—8度鲜食"项目，希望将源自欧洲的健康鲜食理念在中国普及。历时两三年，投入了巨资去教育市场、铺设网店渠道，但最终无疾而终。不是鲜食不好,而是温度不行。中国消费者很难把冰冷的东西当作一餐主食,当作一顿饭吃。连喝水都喜欢烧开的民族,更别说是吃冷饭了。

再举一个因为没有汤汁而失败的单品类餐厅案例:成都的一个餐饮老板朋友,曾聚焦辣子鸡丁,把分量做成可以2—4人吃的、具备社交属性的大单品,并计划发展加盟连锁。他的内在逻辑是口味和消费场景上,全部对标已经十分成功的火锅,口味辣、过瘾、能聚会能社交。逻辑设计似乎没有问题,始料未及的是产品短板——一道大菜全是"干货"。很多顾客反馈说,只要一想起去他家吃饭,就觉得是"干辣椒+干鸡块",分量又大,吃起来太顶。顾客一波尝鲜过后,就再没有复购,品牌也没做起来。

无独有偶,今天我们看到一个类似辣子鸡丁的品类——炒鸡,却可以发展得很好。已成为全国连锁头部品牌的虎丫炒鸡,2020年成立至今,门店数量已逆势突破300家。

其实也不是说一些"干货"的品类就不能做,但一定要注重"干湿搭配",消费者才容易接受。就比如你在河南吃焖面,必须得搭配一碗蛋花汤才算完整；你在内蒙古吃手把肉，也要配合着一碗奶茶才利于消化；你在西安吃肉夹馍，加上一瓶冰峰汽水喝才觉得更爽口……

3. 民以主食为天

中国人说"民以食为天"。米面粮食是中国人的饮食中心，尤其在北方，无论你点了多少菜，到最后如果没有一道主食辅佐或收尾，这就不叫一顿饭。

据说四川人吃火锅，以前是不会下面条的。但是当海底捞开到了郑州这个碳水之都，就被当地顾客要求涮菜涮到最后必须加一份面，由此海底捞才有了今天的甩面舞。这个传说没有确切的考证，但今天火锅里或甩或扯的宽面，原型可能就是河南烩面。

粉、面、饭之类的主食，地位重大还在于，既可以领军众多菜品，也可以独立自成体系。而且主食南北方通吃，广阔的受众就等于连锁的土壤。

4. 找时间的朋友

没有经历过时间沉淀的品类就没有强大生命力。不要总想着开创一个属于自己的全新品类，否则将无力教育市场。教育市场认知永远是头部大佬们要做的事，新人创业最好不要做第一个品类试验的小白鼠。

还有就是选品类不要追流行，因为流行是变化最快的。今天流行的，明天可能就会消失。要去找经典。什么是经典的品类？就是总有一些产品相关的底层逻辑和规律是不变的。比如20岁、30岁、40岁、50岁吃的东西一定不一样，人的饮食习惯会随着年龄变化而改变，这就是底层逻辑，每个人都一样。

没有消亡的经典品类，一定有快速过气的流行爆品。这些年我们看到的网红餐饮像走马灯一样，不停地亮起又熄灭，就是很多人追逐流行的结果。

江边城外烤鱼联合创始人孟洪波，在一次我和他的对谈中，深有感触地说："做品类一定要能坚持住，不要总跟着变。新的东西每年都会出来，那是一些聪明人可以赚的短钱。我这样的餐饮人赚不到，但我能守住我自己，去做能服务一代又一代顾客的事，这是我理解的餐厅本质。"

喜姐炸串创始人王宽也曾分享过一个观点：存在10—30年的品类，基本上还能存在10—30年，不太容易消失。

即使在品类红利减少的今天，发现经久不衰、有品类无品牌的长期赛道，依然是餐饮业最大的创新机会之一。

007 / 好吃的产品就像拳击手套 但手套好不一定打赢比赛

做餐饮，为顾客提供好吃的产品，就像拳击手的手套，是上场的标配。

但是要做一家成功的餐饮企业，需要每个板子都一样长。企业越大，在市场中的竞争维度也越复杂，能不能打赢比赛，并不仅仅取决于一副好手套，更取决于一整套系统打法。

而且理论上，每个人都能购买一副好手套上场比赛。那么真正能够决定比赛输赢的，则是接下来在场上的策略、战术、耐力和应变等全方位的能力。

所以我觉得在连锁背景下，餐饮企业没有一招鲜、吃遍天的法宝，只有集团军、系统化作战才可以成功。

　　海底捞善于给顾客创造超预期的服务体验，但它的资本运作、激励机制、企业文化等让很多同行着实学不会。西贝有本书叫《西贝的服务员为什么总爱笑》，你认为西贝的优势只是微笑服务？贾总对食材和品质的严苛才是不惜代价。喜家德创始人高德福说"餐饮餐饮，饭不好吃了，这个店就不在了"，你就以为喜家德只是饺子好吃？早在 2012 年，高总就敢年薪三四百万聘请经理人来实现"传承百年，遍布世界"的连锁目标，如此"重仓"人才全行业罕见。巴奴毛肚火锅的口号是"服务不是巴奴特色，毛肚和菌汤才是"，但这并不代表巴奴的服务和营销就做得弱……

　　一个企业对外所宣扬的主张，往往也是它营销战略的一部分。让市场知道它想让市场知道的。

　　过去高度依赖厨师的餐饮行业，之所以没有诞生超大规模的连锁企业，就是因为大家太专注在"产品好吃"这一个维度上思考问题。好似重视产品，但产品又不够标准化；只知道重视产品，又缺乏战略、营销、品牌等企业维度的系统思考，导致餐饮行业餐饮业真正的壁垒是品牌和营销,产品技术没有秘密。

陷入长期"小而散"的局面。

过去谈到干餐饮，就等于开餐馆。要开餐馆，先找厨师，出品稳不稳定，也全看厨师。因此，当中国真正的大众餐饮连锁化进程加速，表面上看是对中餐标准化的接受势不可挡，本质上却是餐饮老板们心底那股"去厨师化"的默契在暗流涌动。

火锅一统江湖，极大地启发了老板们对餐饮标准化的重视，并逐步学会用社会化供应链解决一切。火锅的底料、菜品由供应链定制，只需上桌，顾客就开始自己担当厨师为自己"烹饪"。

这一观念的逆转，不仅成就了可以直追麦当劳的最大中餐连锁品牌海底捞，也标志着整个行业竞争力中心的转移，以及餐饮老板们从开餐馆到做餐饮企业的创业意识升级。具有划时代的意义。

日益发达的餐饮供应链体系，原则上让产品好吃、出品稳定不再成为竞争壁垒。好产品成为入行的标配，如果连产品都做不好，就等于拳击手没有好手套，连上场参赛的资格都没有。

论品质中餐连锁的产品力,西贝在同品类赛道"天下无敌"。然而在一次小型私下聚会里,创始人贾国龙说:餐饮业真正的壁垒是品牌和营销,产品技术没有秘密。

所以,要有一副好手套,功夫又在手套外。

008 / 品类必须聚焦 品质和效率才会提高

"餐饮的发展,一定是标准化的,而不是依赖人的",一次跟外婆家创始人吴国平聊天,他斩钉截铁地说:"未来的20年,我觉得要把我们的厨师从灶台上面解放出来,让他们真正成为一个工程师。"

中餐的厨师,如何在剧烈的行业变化中重新找到定位?很多后厨,到了四十几岁就开始干不动了,想一个能够延续他们创造力的模式,是一件非常有意义的事情。

吴国平的思考逻辑,是很典型的发现问题、提出办法、体现价值。

为了使人尽其才，吴国平发动了强大的创新内驱力，他从未停止在各种餐饮业态、品类里纵横驰骋，推陈出新。从外婆家、金牌外婆家、穿越外婆家，到高端品牌宴西湖，到中高端夜宵品牌你别走，再到品类矩阵：杭儿风、蟹小宝、炉鱼、蒸年青、杭儿风、老鸭集。甚至跨界网易，联手养猪的丁磊，打造网红餐厅猪爸。

无论餐饮还是生活，神似徐克、人称"Uncle 吴"的吴国平经常挂在嘴边的一句口头禅就是：玩儿！

不过，只有认真会玩的人，才是真正的玩家。看起来每天要酷喝小酒、画画带孙子、西湖边发呆……漫不经心玩世不恭，但只要说起餐饮，他立刻全神贯注："你必须聚焦，没有第二办法！"

吴国平说的聚焦，既包括人员定位的聚焦，也包括品类和品质的聚焦。

外婆家是创新中餐极致体验性价比的开创者，而这些年随着行业聚焦品类创新的势头迅猛，产品供应链化、零售化属性也日益增强。

然而一路过来，吴国平说自己"走了很多弯路"，做了一些"现在想想也是非常可笑的事情"。

外婆家曾打造过一个"小外婆家"品牌——第二乐章，因为觉得外婆家的菜实在太多了，就想缩减一下菜单，试试一个新品牌应该也没问题。但在消费者看来，两者区别并不大。结果就造成在同一座商场，自己跟自己竞争，自己跟自己分客流。

外婆家一度的品类战略是，在外婆家餐厅之上聚焦构建"鸡、鸭、鱼、肉"四个大单品。

"鸭"由老鸭集老鸭煲领衔，在2020—2023年期间为外婆家集团造血立下汗马功劳。

炉鱼烤鱼是外婆家最早开放加盟连锁模式的品类，也是集团的"现金奶牛"，但却是吴国平操心最少的一个品牌。

餐饮的标准化，是从传统手工业迈向流程工业的分水岭。

"鸡"和"肉",吴国平还没想好。

聚焦大单品战略,核心的逻辑是品质和效率。对此吴国平十分笃定:"我想了很久,……我们跟日本比,差距在哪里?我觉得一个是品质,一个是效率。"

他说起老鸭集的产品开发:"我可以对所有浙江的厨师吹牛,老鸭集的四个原料,我是最牛的!即便如此,我还是觉得没有搞透。金华的火腿厂有43个,我跑了33个。主材鸭子,他们忽悠我说,哪个是两年的,哪个是三年的,我说你三年的鸭子卖多少钱?你凭什么养到三年?我会帮他算一算养殖过程的成本。"

"再比如说笋,三月底的雷笋,四月初的早笋,四月中旬的红笋,再到石笋。我每个季节、每个星期都过去看。所以真正在做餐饮的人,传统的蔬菜有几百种,你怎么能都搞得懂?没办法,你只有聚焦一些品类去研究它,效率和品质才会上去。"

吴国平2018年提出的这个观点,其实就是四年后行业以

"品质快餐""品质小正餐"崛起为代表的"品质性价比"行业趋势。

之前的快餐讲究快进快出，比如肯德基营收模型是70%到店消费、30%到家消费。他想尝试倒过来，把快餐做成30%到店、70%到家，提升品质，聚焦极致的单品、极致的体验。

他拿老鸭集打版，做到了平日40%到店、60%到家消费。周末五五开。

极致的产品和效率把控，也给了吴国平更具前瞻性的创新勇气。他曾放言模式可以更极致一些，甚至关掉堂食，只做到家零售。这与2023年开始，美团在行业力推的"餐饮卫星店"模型异曲同工。

餐饮企业的扩张之路，大体分为两条，那些靠手艺的餐饮、没有标准化的特色业态，一定只能走本地区发展之路；而想走跨地区、统一化、连锁发展之路的企业，必须依赖标准化。

当然，这两条路径没有对错，只有专注、专业和擅长。餐饮的标准化，是从传统手工业迈向流程工业的分水岭，也是餐饮区域发展与跨区域战略的关键分界线。

餐饮这条路想要走得更宽广，很多时候，不是你想不想，而是你能不能。我一直认为，那些懂得聚焦品类和品质的餐饮企业，才更容易走出一条标准化、可复制、易扩张的可持续发展之路。

009 / 打造仪式感 小吃变大餐

有一年在大阪餐访,有幸与日本最著名的铁板烧连锁品牌之一,千房大阪烧的第二代掌门人中井贯二先生交流。

中井先生之前也是餐饮"门外汉",开始从事金融券商行业,后来跨界进入餐饮继承家业。他接手家族事业后,进行了一系列颠覆性的改革:大刀阔斧升级就餐环境、产品形式、服务标准等,一举把原本是街边小吃的大阪烧,升级成具有高客单溢价的时尚餐饮品类。

大阪烧是日本传统民间小吃,有点类似中国的煎饼果子。中井先生说,他接手后,首先思考的就是如何改变大阪烧这个草根品类的廉价印象。

由于之前在金融行业工作过，中井先生经常在西餐厅与客户见面。西餐很多产品的呈现，在他看来也非常简单，却售价不菲。

除了用餐环境、服务体验真的好，他总结出一个秘诀：打造出品的仪式感。

中高端西餐的仪式感，体现在环境、服务、出品、用餐流程等各个环节，通过营造出人与出品彼此尊重的氛围，体现出全面的品质感。顾客都乐意为这份价值感买单。

中井先生便决定将西餐的这种仪式感加以改造，融入大阪烧。首先让厨师们在铁板前为客人现场制作美食，并设计一套全新的出餐流程，投料、煎炒、摆盘、餐具、分餐，一套动作行云流水，顾客端坐着，目睹各种食材在铁板上翩翩起舞，犹如欣赏一场近景表演秀。

改良产品形式、出品流程的同时，中井还升级了食材，加入顶级和牛、三文鱼等高端食材，进一步拉升产品品质感，并提高客单价。

中西融合的创新逻辑和目标是一致的：通过仪式感来提升消费者体验。

中井先生的创新方法，在中餐创新领域其实也非常普遍，被称作"中餐西做"。到底中餐西做是什么？是菜品摆盘上按照西式的风格和审美进行改变？是融入了西式的食材或用了西式的烹饪方法？还是只用中国特色食材进行西化处理？

这其实没有标准答案，因为每个人的理解都是不同的。

1971年，中国香港的美心集团也提出了"中式食品、西式服务"的经营理念，并打造出翠园、美心皇宫、映月楼、八月居等高端消费品牌，取得傲人成绩。在海底捞年营收过百亿之前，美心集团是中国大陆以外，唯一年营收超过百亿的中餐饮企业。

无论是中井先生，还是美心集团，中西融合的创新逻辑和目标是一致的：通过仪式感来提升消费者体验。

而其中的细节，没有捷径，无法复刻，用户感受到的是餐饮人对每个细节的用心和对创新的敬畏。

010 / 品类里的"老实人"——不够快二不会卖

总有人问我,为什么河南烩面不能像兰州拉面那样,诞生全国连锁的品牌?

作为从小吃着面食长大、祖籍河南的我,对这个问题更是深有感触。其实不仅烩面,很多河南日常的顶流面食,比如炝锅面、糊汤面、焖面,甚至长得最像拉面的饸饹面……这些让河南人一想起就会垂涎欲滴,天天换着花样吃的面食,说起来却都是全国连锁的品类困难户。

我琢磨了一下,觉得主要的问题有两个:一不够快,二不会卖。

地处中部大平原的农业省河南，长期接受的是农耕文明的洗礼，被农时滋养出来的生活慢节奏，加上过去贫困造成的物资匮乏、温饱需求长时间得不到解决，让历史上曾经也辉煌过、懂吃爱吃的河南人，进化出一项餐饮技能：快餐繁做。在河南，很多平平无奇简单无比的食物，其制作工艺和流程非常复杂。比如并不算口感高级的一种鱼类——黄河鲤鱼，食材一般就要在技艺上寻求精湛，于是就有了鱼身上背着像头发丝一样细密的鲤鱼焙面。

前文列举的那些面更是如此，看着普普通通，但是就拿烩面来说，在食材配料以及工艺流程上比西北的油泼面、刀削面复杂得多，人力和食材成本自然也高，出餐速度也赶不上武汉热干面、重庆小面。这一点在快餐品类赛道很吃亏。

在中国，有一个美食规律，像重庆、武汉等长江流域的码头城市，天然具有诞生快餐的基因。因为码头作为物流和人流的集散地，快节奏和繁忙的场景特点下，没有留给餐饮人太多的加工时间。所以无论是乐山的炸串、重庆的火锅和小面、武汉的热干面，它们天生就具有快餐属性。最具代表性的热干面，甚至快到边走边吃。

农业文明的慢,与码头文明的快,在烩面和小面上表现得十分彻底。

农业文明的慢，与码头文明的快，在烩面和小面上表现得十分彻底。都是面，看起来都是快餐，但是烩面的加工流程其实更像正餐，讲究一锅一烩，投入的人工和时间不亚于炒一道菜。

在河南，生意好的烩面馆从来不只是一家快餐店，而是可以满足聚会、宴请的豫菜餐厅甚至酒楼。烩面既是爆品也是餐厅的标配"引流"款。几个人去吃烩面，往往不会只点烩面，还要点一些扣碗菜、蒸菜、大烩菜、凉拌荆芥、熬炒鸡、红烧黄河大鲤鱼等豫菜……

烩面的复杂，重点在于它的灵魂——汤。汤要大锅慢熬，几十种配料，并上百斤羊肉、棒骨，相当费时费料。河南有句老话：常香玉的腔，卖烩面的汤。常香玉是一代豫剧大师，抗美援朝时期为国家捐过一架战斗机。由此可知汤对于烩面的决定地位。从成本上来说，一碗烩面，最贵的不是面，而是汤和肉。这正是烩面不会卖的地方，从名字上，最有价值感的部分被埋没了。与清汤的兰州拉面相比，两碗面认知上都是面，但成本差别大了。

不过说起来，中国餐饮里像烩面这样不会叫卖的品类还有很多。比如还有一个面：现炒浇头面，差不多跟烩面"同病相怜"。从加工方式和食材成本上，卖给顾客的是一碗面，但实际上交付的是现炒一盘菜。贵菜被以便宜面的价卖掉了。

011 / 马太效应下
大树底下不长草

当下中国餐饮行业的连锁化率刚过20%，虽然还在不断加速增长，但相比日本的50%、美国的超60%，中国餐饮连锁还处在起步阶段。

随着连锁率的不断提升，餐饮业必将迎来一个水大鱼大的时代。但连锁率的提升，也意味着行业资源越来越集中，马太效应越来越显著，一些品类的红利期窗口正在变小。

比如在新式茶饮、咖啡的品类赛道，已挤满头部品牌，留给单打独斗的独立品牌，甚至中腰部品牌的空间不多。

"餐饮老板内参"旗下的餐里眼数据APP，曾统计过一组数据样本：2023年末，在小吃快餐品类，有45个千店规模品牌，总计19.8万家店，占据整个赛道份额的49.3%；现制饮品品类，有30个品牌开了12.5万家店，占据赛道份额的30.1%；熟食卤味品类，有9个品牌开了3.5万家店，占据赛道份额的9.2%；正餐品类，4个品牌共开了7000家店，占据赛道份额的4.1%……

而另一方面，一些头部品牌的门店数扩张速度也令人咋舌。仅在2022—2023两年时间里，蜜雪冰城新增12958家店、瑞幸咖啡新增5263家店、塔斯汀中国汉堡新增4562家店、鱼你在一起下饭酸菜鱼新增1205家店、米村拌饭新增556家店、夸父炸串新增1557家店……

因为门店密度大，社会关注度高，带动了大批餐饮新人纷纷选择这些品类赛道创业，形成"内卷"。但在这些品类里，如果与头部品牌处在同一客单价维度，从零到一的创业机会将微乎其微。

我曾经跟一个西式快餐品类的头部品牌老板聊天，他跟我说了一个颇为"惊悚"的扩张策略：大树底下不长草。

也就是说，他所定位的品类赛道，已经把所在的大本营城市，把排在他身后的竞对品牌，全部摸排了一遍。再列出每个品牌前几名最赚钱的门店，然后就在他们旁边选址开店。用价格、品质、体验等组合优势击垮对手，让自己成为品类之王。

这一招的致命之处在于，每一个连锁品牌，最赚钱的 20%—30% 的 TOP 门店，往往能贡献超过 50% 的总利润比。一旦这些"现金牛"门店被摧毁，总利润减少必然是断崖式的。

这位老板本身是 IT 高管出身，擅长数字化，战略目标清晰，团队组织力也很强，还拿到了数千万著名美元基金的风投。可以说要钱有钱，要人有人，要思路有思路。他一边扩张，一边集中优势兵力步步为营夯实区域市场，对竞品实施降维打击，朝着"品类垄断"的目标前进。

餐饮业的竞争有时就像丛林法则一样残酷。很多大品牌非常喜欢在同品类的隔壁选址，通过品牌优势打价格战，直接掠夺顾客。比如最常见的就是麦当劳周边总有一家肯德基。品牌旗鼓相当还好，如果既同品又强弱悬殊，那对于小品牌来说就是灾难性的。

与头部品牌处在同一客单价维度，从零到一的创业机会将微乎其微。

强势品牌对主流消费群的认知一旦形成占领优势，弱势品牌就会被加速边缘化。丧失对顾客的吸引力，就意味着会被挤出跑道。当品牌连锁扩张加速，行业资源也会加速向头部靠拢。

古茗茶饮创始人王云安直言："未来中国茶饮的头部市场份额，行业前五名肯定要占到70%，市场份额的集中度会越来越高。"

"凡有的，还要加给他，叫他有余；没有的，连他所有的也要夺过来。"这句话出自《圣经·马太福音》，后人称为"马太效应"。

意思为：强者愈强，弱者愈弱。

012 / 别只听大佬怎么说
关键要看他怎么做

餐饮行业的"老炮"们,有时公开讲的话也是不能当真的。餐饮业是一个至今有点江湖气的行业,因此很多大佬自带"老谋深算"的人设。如果年轻一代的创业者,在研究大佬时,只盲目听信大佬说了什么,而不去对照一下他们做了什么,很容易就被带到坑里。

比如南城香创始人汪国玉,就曾接连打破自己两大信条:第一是只在北京区域开店,第二是只在社区开店。这两条,也一直被研究餐饮的定位派们,推崇为南城香定位成功的法宝。

然而,南城香先是 2023 年 8 月在北京大兴龙湖天街开了家商场首店,接着 2024 年 4 月又悄悄在上海开了北京以外的首个社区店。

不开商场店，汪总后来也说，并不是南城香不想开，而是一直没和商场谈拢。商场嫌南城香客单价低，让别的商户没法活，还嫌南城香土，品牌调性不高。

当然汪总也嫌弃商场合同期太短，不超过五年就让你重新装修，甚至任性地让你换地方。因为在他看来，社区店是越老越值钱，商场店是越火它越让你换位置，彼此矛盾。南城香不愿意给商场暖场。

而最后进商场开店，汪总说是因为商场认怂了。其实也跟这两年南城香品牌形象升级、势能放大有很大关系。

而在上海开店，我觉得也一定不是简单的尝试。因为南城香的开店模式，是供应链与中央厨房先行，蜂巢式布局。这就说明，今天看到的上海首店，其实早就是蓄谋已久，而且一旦首店磨合好，组织力也会立即跟上，很快在上海甚至长三角区域铺开门店。

餐饮被称作『勤行』,勤劳实干还不够,还要勤思考反应快。

类似的大佬级"出尔反尔",在餐饮行业不要太多。西贝贾总甚至曾经专门让媒体撰稿公开声明永远不融资、不上市,然而时隔不到一年就宣布上市计划。很多曾把直营模式奉为信仰和"洁癖"的连锁餐饮品牌,随着2024年海底捞宣布开放加盟,也纷纷逐步开启了合伙、联营、加盟模式。

经营企业从来只有顺势而为,没有刻舟求剑。做餐饮更是一门复杂的生意经,这是由于餐饮是个每天充满变数的行业,也因此餐饮被称作"勤行",勤劳实干还不够,还要勤思考反应快。"老炮"们的变,也正是反映了形势比人强,变才是唯一不变的真理。

013 / "拿来主义"是头部特权

生态位决定生态命运,今天的餐饮创业者,已经大概分成三个段位,各自命运也逐渐固化和清晰。

1. 餐饮小白:跟风入场、出清离场

小白进军餐饮通常有两种途径,要么加盟,要么自己摸索创立品牌。无论哪一种,心态上都是迫不及待匆匆进场,然后眼花缭乱展开一系列所谓营销动作:低价引流、打折促销、频繁上新、托管运营、直播种草、达人探店……

一顿操作猛如虎,业绩不过一千五。

如今，优质的加盟品牌门槛已经很高，一般不会接受小白申请。所以凡是小白拿着加盟费就能被加盟总部选中的，十有八九可能要落入山寨品牌和快招套路，一入局就注定败局。

在集中化、连锁率不断提高，马太效应加剧的行业背景下，毫无经验的餐饮小白从零到一自创品牌，难上加难，赔率更大。

我总结了一个小白零等式：零经验＝零门槛＝倒闭快。只有零经验的人才认为餐饮是无门槛的。进入快，倒闭离场也快，来去匆匆。

不过小白注册餐企数量激增，倒是让各品类赛道看起来十分热闹，并加深了消费者对品类的认知，扩大了品类的客群基数，一定程度上也为头部品牌的快速扩张做了暖场工作。

餐饮物业一般是"押一付三"的缴租周期，这也基本上是餐饮小白们的生命周期。三个月生意不好再挺三个月，半年以后实在交不起房租，就会被房东请出场。少则几十万，大则几百万的门店投资在行业里打了水漂，离场的时候却连个水花都不会有。这就是今天大多数餐饮小白的宿命。

小白负责暖场,黑马负责成长,头部负责增长。

2. 餐饮黑马：钻研创新、勤奋选品

餐饮虽然"内卷"，但还是有很多高维玩家，能够在饱和竞争的品类赛道中，找到缝隙机会杀出来。

比如在以海底捞为首的川式火锅大赛道，还是跑出了以产品主义毛肚为特色的巴奴、主攻二线下沉市场"火锅界的优衣库"的熊喵来了、区域性价比之王天津芳竹园……

可以说，餐饮黑马是行业模式创新、产品创新的主力军，是钻研经营最刻苦、品类创新最勤奋的一批人。只有拼命奔跑，才不会待在原地，这是餐饮黑马们搞创新的真实写照。

3. 头部"老炮"：暗中观察、第二曲线

我也一度非常感慨，餐饮行业的创新中坚力量，大多难逃成为头部大佬产品研发部的命运。

比如海底捞的产品创新绝对有巴奴倒逼的成分。一个时期里，巴奴菜单上的新品，不出一个月就会出现在海底捞的菜单上。

巴奴老杜经常深入田间地头、菜场源头，辛苦选品、研发、试菜、搞定供应链，最后上桌爆火。而海底捞只需要搞定供应链，就可上桌，也卖得火。

其实很多餐饮"老炮"，他们每天的工作就是在暗中观察，看看什么品类火，谁在做，市场反馈如何，"钱"景能否持久……觉得不错，就果断下场超车。

某头部餐饮大佬，在一次饭局上酒过三巡，说道"我们的产品策略，就是比、学、赶、抄（超）"，碰到好产品先抄再超越。

九毛九集团旗下赖美丽烤鱼、太二酸菜鱼、山外面贵州酸汤火锅，这些品类其实都不是九毛九的原创，而是已有黑马创业者跑出来，打了前战做了试验，再被上市公司拿来二创，成为企业增长的第二三四曲线。

"拿来主义"是头部特权，这也是为什么每个品牌都想奋斗到头部，因为头部的确能够享受赢家通吃的复利。

014 / 餐饮业正负能量 复盘行业看真相

难和"内卷",好像已经成为餐饮行业普遍的口头禅。餐饮人见面,如果不先吐几句苦水,感觉都不好意思往下聊。

作为专注行业观察和研究十多年的媒体人,我想告诉大家一个真相:自我入行起,就发现这个行业的舆论场,没有一年是容易的。大众媒体对餐饮业的报道,永远是"新增XXX万家,又创新高竞争饱和""倒闭XXX万家,整条街餐饮关店转让触目惊心"。十多年来,这两个新闻选题一直是"熟悉的味道"。

这使得在很多人的认知里,餐饮就是个苦行业。尤其是在今天社交媒体大数据算法下,同质化信息更是给了每个人一个认知茧房。你看到的世界,并不是全世界。

焦虑并不会解决任何问题，只会让正常的问题更凸显，让你的餐饮创业徒增烦恼。

假如餐饮行业真的是个水深火热、痛苦不堪的行业，为什么这十多年来越来越多的聪明人，包括互联网平台、投资机构、跨界创业者纷纷踏足？在我看来，餐饮业绝对是当今乃至未来十年到二十年，中国为数不多最好的行业之一，是会诞生有史以来最多连锁独角兽品牌的行业。

我经常跟行业人说，不要看大家怎么说，关键要看大家怎么做。因为行动永远比说话诚实。作为媒体人，观察、记录这个行业发生的重要事件是我们的工作日常。很多时候，通过事件的梳理和串联，不仅可以洞察行业趋势变化，还能直观看到行业的兴衰密码。

在这里，我想截取"餐饮老板内参"APP上一段时间内的行业新闻事件，用事件分类法，来一起洞察行业的大小趋势走向。

比如2024年第一季度发生的餐饮行业大事：

第一，大盘高速增长，头部集体反弹

在统计的相关事件中，体现高增长的事件量占据多数。比如：

1. 国家统计局发布 2023 年餐饮数据：规模 5.2 万亿，同比增长 20.4%；

2. 元旦期间全国堂食线上交易额同比增长超 230%，异地消费者贡献增长超 310%；

3. 海底捞 2023 年营收超 414 亿元，净利 44.95 亿元，同比增长 174.6%；

4. 美团 2023 全年营收 2767 亿元，同比增长 26%；

5. 周黑鸭 2023 年营收、净利润双增长，利润增长 357%；

6. 达美乐 2023 年业绩创新高，营收增长 51%；

7. 老娘舅 2023 年营收 16.97 亿元，增长 19.19%；

8. 奈雪的茶 2023 年门店利润 8.29 亿，同比增长 76.3%；

9. 呷哺呷哺 2023 年收入 59.18 亿元，亏损收窄 43.5%；

10. 全聚德扭亏为盈，预计实现净利 5600 万—6600 万元；

11. 麦当劳计划今年在中国新增 1000 家门店；

12. 百胜中国 2023 年业绩创新高，收入增长 15%，至 109.8 亿美元；

除非自己准备离场,
否则葆有正能量永远重要。

13. 餐饮业一月新增注册企业同比增长 107%；

……

可以看到，行业规模、增长速度、头部品牌营收和利润、连锁门店扩张、外卖平台规模、新增餐企数量等指数，全线均呈现反弹式增长趋势，且幅度明显。

第二，中餐出海热

1. 紫燕百味鸡布局澳洲；
2. 新荣记出海，日本东京店开业；
3. 杨国福麻辣烫全球门店突破 6000 家；

……

中餐出海热浪翻滚。仅 2024 年第一季度，我就带领"餐饮老板内参"国际餐访营的近百位国内餐饮老板赴德国、法国、新加坡等地实地考察出海落地情况。

而在过去一年，这样的餐访活动更是几乎每个月都有，中餐品牌出海热情空前高涨。寻找新蓝海、"降维打击"是这届出海的主基调。

第三，餐饮上市潮

1. 古茗递交招股书，2023 年销售额 192 亿元；
2. 蜜雪冰城港股交表；
3. 沪上阿姨在港递交上市申请；
4. 霸王茶姬传将赴美 IPO，拟募集 3 亿美元；
5. 茶百道通过港交所聆讯，预计 4 月 23 日挂牌；
6. 小菜园冲击港交所，净利翻番至 4.3 亿元；
7. 老娘舅新三板挂牌；
……

可以说，餐饮企业上市进程在持续加速，未来 5—10 年，一定会有更多餐饮品牌拥抱资本市场，餐饮上市公司数量也会陡峭增长。

第四，拥抱加盟

1. 海底捞开放加盟；

2. 九毛九旗下新品牌，山外面贵州酸汤火锅首店开业，并开放加盟；

3. 珮姐火锅开放加盟；

……

2024 年第一季度，以海底捞开放加盟为标志，直营开放加盟的速度会越来越快。我称 2024 年为"餐饮直营品牌全面拥抱加盟模式元年"。今后，所有做餐饮连锁创业的人，在创业的第一天，会同时设计直营和加盟两种模式，这将成为行业标配。

第五，行业败局

1. 熊猫不走蛋糕倒闭；

2. 虎头局申请破产清算、墨茉点心局武汉公司注销；

……

除了大量餐饮小白阵亡、注销离场，2024 年第一季度的熊猫不走倒闭和虎头局破产，具有标志性意义，意味着餐饮业告别偏离产品主义、过度体验，以及网红资本制造泡沫流量破灭。回归好产品、品质性价比的时代，已确定降临。

第六，政策利好

1. 六部门发布预制菜定义和规范；
2. 商务部九部门发布促进餐饮业高质量发展指导意见；
……

这两则重磅文件在一季度发布，表明了国家对餐饮业的支持和定调。一是终结了过去一段时间,网上关于预制菜的定义不清、断章取义，甚至"水军"网暴的不良舆论。预制菜从此走上清朗、健康、可持续发展的光明大道。二是"促进餐饮业高质量发展"就是在重申，行业进入了品质性价比发展阶段。

以上，我认为才是餐饮创始人首先要嗅到的基本盘、行业风向和趋势，而不是跟随一小撮负面信息，放大感到自己的事业毫无意义的负面情绪。

除非自己准备离场，否则葆有正能量永远重要。

第二部分 常识

015 / 新手开业喜欢打折促销 "老炮"新店喜欢慢慢磨刀

很多餐饮新店开业都喜欢搞"开业大酬宾"等轰轰烈烈的打折促销活动。然而餐饮"老炮"们一般不这么干。

无论是不是连锁餐饮品牌,一个新店在新址开业,势必要面对新的环境、新的顾客,以及新的团队。那么前期就需要对门店接待能力、营运流程进行落地考验、压力测试。这个阶段,聪明的做法是,尽量用最小的风险去发现问题、调整问题。这么做的目的,是避免把问题大面积暴露给顾客,收获网上一堆差评,搞得措手不及、出师不利。

做餐饮,其实顾客体验是十分敏感和脆弱的。如果一次体验不好,有可能再也不来了;如果体验好,他除了自己变成回头客，还会带朋友来。这就是餐饮"拉新留存"的基本逻辑。

一个门店新开业，无论是采取打折促销的热启动方式，还是用先期试营业的冷启动办法，本质目的只有一个：获取第一批种子顾客。

餐饮"老炮"们喜欢冷启动，是希望将门店放置在最自然的市场状态下，来检验品牌的吸客能力、产品口碑、复购能力、服务接待能力，以此来收获一批真正自然的种子顾客。因为"老炮"们清楚，不促销、不搞活动才是一个餐厅经营的日常。

新手们策划的眼花缭乱的促销活动，看起来热热闹闹，吸睛不少，但是也极有可能因此收获一批"羊毛党"种子顾客。这样的顾客并不是真正意义的种子顾客，他们来为的是打折捡便宜，并不是产品，他们成为回头客复购的理由就是你继续打折、继续促销。这就变成了"药不能停"的逻辑，往往打折一停，客流清零。

这么做同样给团队造成误导影响。打折拉新、开业火爆，很容易让团队导向跑偏，默认为老板就是鼓励这样的营销手段，而不去做真正的运营改进。日后也会把生意好坏跟是否做促销活动大胆拒绝『羊毛党』，沉淀真正的种子顾客。

挂钩，陷入饮鸩止渴的恶性循环。

其实无论多么大的餐饮连锁，具体到每一个门店，都可以把它视作一家独立的店。能让每个店都健康地活着，才是连锁的意义。

如今，餐饮行业成本已不再只是原来的房租、人工、食材"三高"成本，实际上又多出来一项——营销获客的高成本。而值得餐饮老板们思考的是，在消费已经进入理性、务实的新趋势下，还有多少顾客愿意为产品品质之外的溢价买单？

我身边有很多优秀的、平效利润做得很好的餐饮，它们有一点共同之处就是：不打折、不降价、不促销。坚信好产品好体验就会赢得回头客。

所以，大胆拒绝"羊毛党"，沉淀真正的种子顾客，应该作为每个新店的价值观。

016 / 堂食与外卖相杀又相爱

中国 12 亿网民中，大概每两个就有一个是外卖用户，外卖市场规模已经超万亿元，而且规模还在不断扩大。

外卖的大势所趋无可争议。我在 2015 年曾提出过一个餐饮发展模式的观点：未来的餐饮，一定会是"堂食 + 外卖 + 外带"的基本模型，即同时满足线下、线上、零售三种消费场景。

不过即使如此，餐饮业作为一个复杂的生态体系，尤其作为一个实体经营的门店生意，在实际落地的时候，还要根据真实的情况来做好取舍，并不一定开始就要搞"三店一体"。比如你的餐厅堂食本身生意很火，忙不过来，那么就不要盲目追求外卖占比，加大外卖业务的投入。

开餐厅，堂食生意好真的是一宝。至少说明除了产品好，线下选址也不错。而外卖的本质，其实是在线上选址，去开一家新店。

大体来说，线上、线下两种业务的模型，用两个公式来看应该是这样的：

堂食＝线下旺铺获客＋人工／服务＋堂食菜单＋翻台率／复购

外卖＝线上营销获客＋人工／打包＋外卖菜单＋下单量／复购

很多老板就是没有分清楚这些关系和逻辑，容易把堂食与外卖业务混为一谈。比如不能区分两者的成本，利用线下堂食的旺铺租金成本，同时经营线上业务，在线上又支付了营销获客成本，这就约等于付了两遍租金。

这也是很多商家抱怨平台佣金高，跑不通外卖模式的原因之一，总觉得线上流量是在蚕食堂食的客流，投入的营销获客费用外卖一定是门店营收的增量,而不是来分堂食的蛋糕。

感觉像是在买自己本身已有的客流。

堂食是到店场景，外卖是到家场景。对于餐饮商家而言，不仅仅是场景的区分，更重要的是成本和运营手段的区分。

作为平台也是发现了这个痛点，2024年，美团开始重点扶持"餐饮卫星店"。"餐饮老板内参"还就此专门调研、采访、分析了一批开展"餐饮卫星店"的品牌案例，并撰写了《中国餐饮卫星店报告案例年鉴》。力图阐述清楚堂食、外卖专门卫星店的逻辑关系、典型案例和实战方法，也是想告诉大家，堂食和外卖并不是一回事，都需要专业化去经营。

如果你的门店选址不错，但堂食生意不好，那么首先应该考虑的是如何改善门店运营，让现金流好起来。先让门店"造血止血"，而不是利用外卖来饮鸩止渴。

如果你的堂食本身生意就好，那么一定要保持定力，外卖不做也罢，要做到不用外卖打自己堂食的主意。原地同时线上线下折腾，只会让自己的堂食分流，让原本属于你的线下宝贵客流，拱手送给线上。

总而言之，可以理解为：外卖是线上版的堂食，线上就在线上做，线下绝不做线上；外卖一定是门店营收的增量，而不是来分堂食的蛋糕；外卖是在公域里获取新客流，经过外卖交易沉淀为品牌的私域流量，而不是来分流。

017 / 快餐、正餐与商餐
要烫、要棒更要靓

这是几句充满智慧的餐饮"黑话"：快餐出品要烫，中餐味道要棒，商务餐服务要"靓"。

黑话归黑话，却是话糙理不糙。虽然不完全准确，但寥寥数语，也把不同的餐饮业态与顾客之间的需求关系描述得生动形象。我们来逐个分析一下：

快餐是刚需。出餐快、低客单、性价比高。论食材，快餐肯定比不上高端一点的正餐，论出品，也不可能像正餐那么细致讲究。这就需要在性价比基础上，做到又快又好吃。

而最终破解之道是——"一热抵三鲜"的锅气。大部分的早餐、快餐品类，有一个共同特点，就是必须要热，行业里叫"烫口"。加工方式以蒸、煮、炸、炒为主，讲究现场制作。包子、粥、粉、面、油条、小炒……这些品类一旦失去温度，味道顿时减半，难以下咽。

中餐锅气的重要性，著名美食纪录片导演陈晓卿老师讲过一个段子，说他的一个朋友为了吃到最大程度带锅气的菜，每次吃饭都会选择坐在离厨房最近的位置。

我有时也会用到这条经验来严选自己的美食。比如我早餐要去喝一碗胡辣汤，一般会先观察一下锅里还剩下多少汤，如果少于一半，我宁愿站在一旁等。等后厨提出一桶新鲜做出来的汤来入锅时，我会争取盛到第一碗，此时的味道才无与伦比之鲜美！其实喝所有的汤，温度最怕温温吞吞。

正餐，因为客单价上涨了，品质的需求也就上涨了。大家首先是带着改善口味、体验美食的目的才会来一个正式的餐厅。这个时候，顾客有充足的时间对食材、烹饪技艺进行挑剔、评判，所以正餐的工艺讲究"食不厌精"。食材不好、味道不好，正餐餐厅就难以立足。

商务餐，顾名思义，更多满足的是商务社交场景的需求。吃饭的重要性肯定没有商务社交目的重要，所以体面的服务就很重要，菜品、环境都是社交货币。

当然，今天的黑珍珠高端精致餐饮，早已经脱离了非真正市场化的餐饮经营模式，不过即便如此，精致餐饮依然是商务宴请消费的主要场景。对于"靓"的要求，精致餐饮更多"卷"向了空间设计和出品的极致视觉体验。许多精致餐饮的空间设计出自设计大师之手，菜品设计也是登峰造极，比如大董就开创了中国意境菜，和独树一帜的烹饪色彩学，每一道菜都犹如一幅美轮美奂的中国画。可以说美学在中高端精致餐饮里得到了充分运用，这其中当然也包括了服务人员的精神和面貌。

烹饪色彩学、美学在中高端精致餐饮里得到了充分运用。

018 / 多数地标餐饮只能活在当地

一个城市的地标餐饮，本质的经营逻辑已经不是餐饮，而是文旅。

而文旅项目的价值之一，在于它的在地性，以及因为在地性所带来的稀缺属性。也就意味着你只有去到那个地方，才能体验它的独特价值。

很多地方文旅项目好像也陷入一个悖论，就是你越代表当地文化，在地属性就越强，越需要人去到当地才能体验，也就越难走出来。

长沙文和友大概就是如此。文和友给自己的定位是要做"餐饮界的迪士尼"。从结果看，文和友的确做到了"餐饮界长沙版迪士尼"。但长沙文化在地的局限性，在深圳和广州的开业实战中体现得淋漓尽致。

作为长沙的地标餐饮，文和友也是众多游客到长沙的旅游目的之一。到长沙打卡文和友，就像到沈阳打卡刘老根大舞台，到郑州看"只有河南"，到武汉登黄鹤楼。价值在于得去了才能体验。文和友把自己塑造成了长沙一处网红景点，可能没有想过景点离不开当地。

同时，文和友进军广深这样的超一线大城市，本质是长沙文化的一次输出，也是一次地域间文化强弱的PK。长沙曾作为全国综艺高地，明星云集，引来了无数的流量，带火了长沙旅游，也带火了众多网红餐饮品牌。其地域文化属性越强，就越难以跨越地域局限、全国铺开。其实茶颜悦色的全国拓展也多少受到长沙网红属性的影响。

去地域化标签，几乎是所有跨区域发展连锁品牌的一个必经过程。这样的例子有太多，比如星巴克不会说自己是西雅图星巴克；麦当劳从不标榜自己源于美国伊利诺伊州；走向世界的海底捞，从来没有标注自己是正宗四川火锅；费大厨辣椒炒肉也不会刻意宣扬自己是一道长沙菜，且为了更好地布局全国，把公司总部搬到了深圳；乡村基旗下的大米先生虽然以川湘小炒为主，但丝毫不会让你感到是个地方菜品牌；夸父炸串在初创阶段曾强调自己是乐山炸串，但随着连锁扩张的需要，也已经去掉了"乐山"二字……

橘生淮南则为橘，橘生淮北则为枳。很多地域标签根深蒂固的餐饮地标，一旦在异地开店，生意往往不如人意。全聚德只有在北京才能吃出北京味道，狗不理包子只有到天津吃才觉正宗。

文和友对行业最大的启发，是各地竞相打造自己的文旅餐饮"文和友"。而文和友的特色餐饮地标综合体模式，本质上也并不是首创。前有西安的袁家村、长春的"这有山"商场，后有上海北外滩来福士的 City Mart、郑州的"郑州1948"主题街区……各地版本"文和友"的兴起，也更加让文和友这样的文旅餐饮只能留在当地。

地域标签根深蒂固的餐饮地标,一旦在异地开店,生意往往不如人意。

019 / 兴于新中产 死于翻台率

2021年12月14日，备受写字楼白领、新中产喜爱的著名轻食连锁品牌——新元素（Element Fresh）宣布破产。

公司通告中说："……公司运营遇到了前所未有的巨大困难，门店经营遭受严重影响；出现严重经营亏损，陷入资金链断裂状态……"

作为引领新中产健康自律生活方式的轻食品类头部，新元素其实有很多粉丝。我有一位在投资公司做高管的朋友Sissi，听到这个消息十分伤感，因为她每次约创始人谈项目都去新元素，这么多年下来已经成为"死忠粉"。

她问我，就没有挽救的办法了吗？我说，你们投资它？她沉默不语了……

我反问她："你为什么喜欢去新元素谈项目？是不是因为人少安静？是不是谈一个项目少则一小时，多则三四个小时？"

这对于顾客来说是特别好的体验，但对于轻食餐厅而言可能就是灾难。如果是酒吧餐厅，那餐厅也会特别欢迎，因为顾客待得越久，消费的酒水越多。但是新元素提供免费的柠檬水，这就意味着顾客可以免费续杯一直待。没有翻台率，就等于没有现金流。

尽管后来新元素好像也发现了这个问题，取消了免费的柠檬水，推出一些热饮、果茶和20元一瓶的依云水。但是免费习惯一旦养成，付费意愿就会极度缩减。一度还有顾客专门上网差评，造成口碑风波。

新元素算是中国大陆轻食连锁鼻祖，创始人是来自美国波士顿的Scott Minoie。2000年拿到了赛富基金的天使战略投资，2002年在上海开出第一家店，主打菜品包括色拉、三明治、果汁、意面等，客单价在120—130元左右。最高峰时拥有50家餐厅，年营收 2 亿人民币。

新元素的种子顾客开始以外国人为主，后为 CBD 白领、外企高管、新中产等追求健康饮食的自律精英一族。然而餐饮赚自律人的钱并不容易，尤其是头脑精明的精英自律人群。

日本物语集团中国区董事、餐饮精细化运营专家卢南，长期致力于研究餐厅门店日常的平效、人效、翻台率等各项关键指标。他特别强调"餐厅一定要重视人时营业额"，就是一名员工工作一小时可产出的营业额。抓人效至少要计算到以小时为单位，在客单价一定的情况下，如何在有限的用餐时段里，达到价值最大化，就是要提高翻台率。

我在中国香港、澳门和国外的很多正餐厅，经常会遇到用餐高峰点单时，服务员告知你，你的用餐时段截至几点以前。也是为了避免顾客长时间"霸桌"，保证翻台率。

每一家餐厅背后，其实都是一道数学题，无论披着多么精致的外衣，老板们终归要面对平效、人效、翻台、复购等枯燥的门店基础经营数据。可以不让顾客察觉到，但自己一定要时刻知道。

每一家餐厅背后,
其实都是一道数学题。

020 / 社区餐饮之王
对标的其实是家庭厨房

门店日均营业额 3.5 万,最高峰可达 9 万……北京平效"卷王"南城香对餐饮人到底有什么启发?

1. 全时段社区厨房定位

虽然南城香有句招牌口号"饭香串香馄饨香",但如果仅仅把南城香按照所谓品类的定位逻辑去看,就错了。

所有品类定位都是餐饮创业的 1.0 阶段。找到一个擅长的产品切入,持续打造大爆品,然后拥有核心品类话语权,这是餐饮创业 1.0 阶段的大体步骤。待到品类头部站稳之后,创始人一定会考虑跃升到品牌阶段,因为品牌的包容度远大于品类。以品牌为核心，理论上可以构建所有产品。

就像麦当劳、肯德基不止有炸鸡、汉堡，事实上，越贴近社区日常生活的消费场景，越需要品类足够丰富才能增加顾客黏性，才能产生高复购率。

南城香的定位是全时段社区厨房，因此品类就更不可能只有"饭香串香馄饨香"，而是以社区生活场景的餐饮需求为中心，取代每个家庭厨房。跟家庭厨房比性价比、比丰富度、比方便快捷、比省时省力……锁住全需求、占据全时段、加固餐厅渠道。

在南城香强大的供应链优势前提下，品类越丰富，顾客复购越强、黏性越大。渠道价值越大，平效就越高。

因此我们看到，南城香在不断用全品类的方式丰富全时段。除了保留传统经典的饭、面、烤串、馄饨、饮品，还紧跟流行热门品类，不断上新，比如啫啫鸡煲饭、老坛酸菜鱼饭、骨汤冒菜锅、大红袍手拉奶茶等，应有尽有。

2. 总成本领先

南城香的核心竞争力离不开供应链集采和自有中央厨房，这样做到了品质和性价比的双重兼顾。

南城香每天PK的，就是比顾客在家做饭还便宜、成本低。只要跑赢家庭厨房成本，顾客基本没有拒绝的理由。19元一份整只鲜虾仁馄饨，品质感直追喜家德；22元铜锅肥牛饭，仪式感满满，吃出休闲正餐的感觉；自助水果随便吃，一年光采购费就花3000万元……

凭借着总成本的领先优势，南城香号称快餐界的名创优品，回头客占比超过40%，这也让南城香在行业爆发价格战时胸有成竹。创始人汪国玉说，我们即使降价20%，依然有很高的利润，对手敢吗？

而实际上，即使南城香不降价，在一些区域，也出现了商家联名抵制南城香入驻的情况，因为实在"卷"不过。有一次一位快餐连锁创始人跟我聊天，他说在北京做快餐太难了，因为有南城香、米村拌饭、和合谷三大"快餐卷王"，谁的店碰到他们都难活。

低价竞争不构成竞争优势,
低成本带来的低价
才是一种竞争优势。

我的朋友、战略营销咨询专家小马宋曾讲到价格战的本质：低价竞争不构成竞争优势，低成本带来的低价才是一种竞争优势。

3. 高营业额背后的工作量

作为社区全时段餐饮，南城香涵盖了全天至少四大营业时段，早、中、晚、消夜，甚至还有下午茶。相比很多快餐店只能覆盖中、晚两个营业时段，甚至只有一个时段，南城香的工作时间和工作量也是成倍增加的。傲视群雄的业绩，也是靠人家的员工努力一盘一碗端出来的。

一位餐饮老板说：生意好，身体累点也没事，餐饮本来就是"勤行"。没生意心累才是真难受。

我将一个餐饮品牌的成功归纳为三个段位：总品类的包容力、总场景的占有力和总社会问题的解决力。也就是，第一层次解决产品问题，第二层次匹配需求场景，第三层次解决社会痛点，层层递进，步步深入。一个好的产品，只有匹配合适的需求场景才能发挥价值，最终能解决一个或多个社会普遍问题，才能体现更大价值。

我觉得今天的餐饮老板,有必要时常对标一下自己的品牌,或者精力,处在"产品、场景、社会"的哪个阶段、哪个格局里。

021 / 餐饮新算法
避开大单品复购率陷阱

餐饮业正在无限接近零售业。

今天,餐饮人已经习惯了用各种零售行业的概念,来分析自己的经营活动,比如拉新、复购、客单价这三个关键指标。

在餐饮业聚焦品类创新的大势下,单品店拉新一般靠营销宣传,复购依靠顾客对你的认可,客单价则由菜品单价乘以客品数决定。

江边城外烤鱼联合创始人孟洪波,创业餐饮之前是资深的零售人。他大概是行业里最善用零售方法论,进行餐饮经营实践的老板。在他看来,客品数是判断一家餐厅好坏、成败的关键。

在跟他的一次交流中，孟洪波说："其实做餐饮的人早就应该看看零售，零售对于拉新和复购的要求非常高，有一套计算模式。比如客品数，就是每个顾客到你的餐厅，消费菜品的数量。"

当你的餐厅某一单品的销售额占比超过 70% 时，就说明餐厅对这个单品的依赖度过高，这会面临很大的风险。因为这说明其他产品对顾客缺少吸引力，经营回到单一大单品逻辑中去了。

客品数决定了顾客对你餐厅的喜爱程度。尤其说明的是，如果你是做单一品类定位的门店，即使做大正餐，你的客品数越高，表明顾客对你越认可。这是适合餐饮人反复琢磨的一个概念。根据不同区域的门店，比如社区店和商场店；不同客群，比如年轻消费群体和家庭消费群体，要测算你的客品数究竟达到怎样一个值才算健康、优秀。

我们每个人也都是消费者，在想外出就餐时，当想到一个品牌，你能背出它家菜单上几个菜？可能也就四五个，这四五个就是你常去吃的菜。所以，一个顾客能背下一家餐厅菜单上的菜品越多，说明越喜欢这家餐厅，复购自然就会越强。

相反，如果客品数下降，这个品牌就危险了。代表大家可能只认你的某个单一产品，其他的不吃。而单一菜品很难产生高复购，因为大家不可能天天吃烤鱼，天天吃烤串，天天吃火锅……

一家大单品定位的餐厅，不能只有单一产品。要么在单一品类上开发多种口味，要么在一系列口味上开发多种食材产品。品类聚焦，但选择要丰富。除了关注主打菜品的点单率，也要关注其他"护法"产品的点单率。

必点菜+"护法菜"的下单产品数越高，顾客的黏性越强，复购率越高。

如果只有一个大单品打天下，往往很容易陷入网红产品的"短命周期"风险。一旦进入休闲正餐赛道，只能被迫走"快速扩张—快速回本—快速淘汰—快速换牌"的恶性循环，这是长时间以来餐饮行业"一年吃倒一个品类、两年吃倒一批品牌"的现象级死亡逻辑。

在整个餐饮行业如此"内卷"和从业数量激增的情况下，产品丰富度无疑是吸引顾客消费复购的核心因素，然而如果仅有数产品既要丰富,还要有效进入顾客心智。

量，没有有效的客品数，不仅复购无望，还会成为成本包袱。

可以预见的一个趋势是，未来餐厅的规模走向是"小店"主打，但同时提供给顾客的产品选择要越来越多，这就决定了我们的经营模型要向"大餐饮"概念＋"客品数"算法转变。产品既要丰富，还要有效进入顾客心智。

022 / 正餐做快餐 先看"基因"是什么

中国餐饮连锁率的加速,很大程度来自快餐品类连锁规模化版图的扩大与提速。

餐饮连锁大趋势下,许多雄心勃勃的中餐品牌都提出了宏伟的目标。比如西贝集团新版发展蓝图里,明确写到要让"西贝logo在全球每一个城市闪耀……"

更多餐饮连锁品牌甚至不约而同地把"百城千店"当作自己的第一个小目标,把"千城万店"当作冲刺目标。

而要实现这些目标,路径似乎也十分清晰,那就是依靠快餐模式的高效率、标准化、可复制和规模化。

中式快餐的市场前景到底有多大？怎么看待快餐竞争格局的变化？中餐标准化与现炒模式是否矛盾？正餐与快餐的底层逻辑有什么区别？……针对这些问题，我在重庆跟中式快餐头部品牌乡村基的创始人李红，有过一次深度探讨。

第一，中式快餐的天花板到底有多高？

这个问题绕不开快餐连锁的鼻祖麦当劳、肯德基，拿"麦肯"从创立到现在所走过的路、所拥有的容量，来和中式快餐做个比较，这个答案就显而易见了。

中式快餐赛道足够大，李红的目标是："我们要竭尽全力，去冲刺大于麦当劳、肯德基的市场占有率。"

的确，在乡村基的总部重庆，其门店数已经是麦当劳、肯德基的4倍，这个就可以作为计算中式快餐的市场规模的公式之一。

第二，为什么中式快餐要坚持现炒？

餐饮人选择做正餐还是快餐,要看『基因』里面流着什么样的血。

中式快餐其实经历了标准化的不同阶段，粗略来说，从第一阶段的模仿麦当劳、肯德基的标准化，到今天逐步建立属于中餐自己独特的标准化，其中一个重要的区别就是温度和火候。这是一个"师夷长技以制夷"的过程。

大体来说，中餐标准化第一阶段的核心是"去厨师化"，第二阶段是建立在"去厨师化"标准上的"厨师回归"。其中的本质差别，在于厨师不再是产品核心技艺的载体，而是演变为标准流程的执行人和操作者。这么做的最大优势是充分保证和突出了中餐的锅气、烟火气特色。

不过对于像厨师这种资源的投入，在"非标"的状态下又的确很重。如果要现炒，就离不开灶台，但这既不够时尚，也与麦当劳、肯德基的快餐标准格格不入——麦当劳、肯德基的确代表前沿，且对中国快餐行业影响至深。当时的中式快餐，也经历了一轮中央厨房标准化，然后模仿照搬西式快餐标准的变革。

所有创业的背后本质上都是创始人"基因"的呈现。就像乡村基，对于李红来说，完全照搬西化标准无疑是动摇"基因"。她曾想，如果那样的话以后厨师就没工作了吧？这个技艺谁来传承呢？这些人都那么可爱，以后都没工作了他们怎么办呢？

后来干脆啥也不想，喜欢的事就干！她坚持把灶留下来，坚持厨师现炒传统不能改。殊不知这样的一次执拗，反而押中了真正的中式快餐的未来。

没有"去厨师化"的李红，也并没有故步自封不研究标准化。她从培训体系标准化入手，反复对炒菜老厨师的工艺进行一步一步地拆解、组合，再把成型标准复制到店里，以达到90%的一致性。这样下来，虽然每家店的出品还是有点微弱的差别，但顾客并不会因为那10%的差别而纠结来不来吃。

第三，正餐品牌"染指"快餐有哪些挑战？

在"千城万店"行业连锁新目标的愿景驱使下，很多正餐品牌纷纷思考如何"切换赛道、快上规模"。尤其在消费降级、刚需崛起的大环境下，行业似乎集体进入了快餐时代。很多新老中式快餐品牌扩张集体加速，成为行业新主角。前有乡村基、老乡鸡双雄称霸，后有米村拌饭、兰湘子等一众后起之秀独领风骚。

而在正餐领域，最为行业内外瞩目的，则是西贝贾总多达 10 次的快餐模型试验：从西贝燕麦面、麦香村、满满元气枣糕、超级肉夹馍、西贝酸奶屋、弓长张、贾国龙功夫菜、空气馍 / 中国堡，到小锅牛肉、西贝小牛焖饭与拌面……以此来实现让"西贝 logo 在全球每一个城市闪耀"的宏大愿景。

餐饮人选择做正餐还是快餐，要看"基因"里面流着什么样的血。违反"基因"，就会浪费时间和效率，因为正餐与快餐有着截然相反的逻辑——正餐和快餐天生就是顾客不同、员工不同、"基因"不同。

正餐是要拼命留住顾客，想方设法把顾客留下来，多待一点时间多消费；而快餐是要想方设法提高翻台率。如何消减这对天生矛盾的逻辑，只是摆在所有正餐转向快餐的商家面前的第一道训练题。

O23 / 单店盈利规模比连锁规模更重要

正餐作为中国餐饮最具代表的经营业态，在最近20多年行业转型升级大潮中，也经历了最多的跌宕起伏。甚至每一次经济消费周期的变化，正餐领域的反应都首当其冲。

正餐重投入，重管理运营，在环境剧烈变化时，"船大难调头"，焦虑感也重。小餐饮关店止损容易，大正餐调整则需要相当的魄力。

正餐很厚重，承载着中国经典美食文化传承和创新的主角光环，是米其林、黑珍珠的重点加持对象，也是诞生百年老字号餐饮品牌的最大赛道。

面对行业每天的风云变幻，尤其是餐饮连锁化趋势的激流猛进，在做大与做强之间，流行与经典之间，激进与持久之间……对正餐经营者而言，尤其考验定力。

这些年，餐饮业逐渐出现了正餐品牌下场做快餐连锁的势头。创新值得鼓掌，但终局如何，其验证还在路上。

第一，正餐的本质是什么？

中式正餐的连锁化、规模化，堪称餐饮连锁领域最为复杂、难度最大的赛道。从产品、服务、人工，到流程、管理、标准化，复杂程度比快餐要高出很多。谈论正餐连锁，犹如探讨一艘巨轮出海，始终需要在编队数量、前行速度之间做判断。

连锁门店的数字，和新开门店的速度，往往会让餐饮老板陷入两难境地。众所周知，中餐连锁有个魔咒：门店开的数量越多，管理成本越大，利润反而越来越薄。这也是为什么很多品牌宁愿选择加盟，也难以为继直营。因为直营太"重"，受益和风险全在一个篮子里。然而正餐加盟模式，往往又面临系统化管理失控的风险，导致"连而不锁"，最终危及品牌。

最好的传承一定是依赖不断地创新。

然而如果单从盈利角度看，这个问题恍然又变得很简单。比如决定连锁之前，先问问自己，是擅长以门店数量规模赚钱，还是擅长做超级单体大店赚钱？通俗地讲，如果开一家店赚的钱，跟开十家店赚的钱一样，为什么要开十家店？

这个问题搞清楚了，我们再来搞明白中式正餐的特点和本质是什么。

中国餐饮与资本的第一次结合，大约是在2010年前后，那是大正餐的"捡钱"年代。以湘鄂情和俏江南为代表，其相继与国际风投初尝资本的味道。只是后来发生的事堪比一地鸡毛，湘鄂情甚至改名互联网公司，俏江南在"恩怨情仇"中惨遭易手。

陶陶居副董事长尹江波也是餐饮业最早与资本接触并拿下风投的。当时融资了8000万元，建了中央厨房，理念是想把很多东西放到中央厨房去做，来降低门店的人力资源成本，降低对技术的依赖、对厨师的依赖，以期待连锁扩张。

在与资本约定的5年上市周期里，陶陶居设计的增长曲线是通过扩张门店连锁规模，带动营收规模增长，从而推开资本市场大门。但事与愿违，很快尹江波发现门店业绩大幅下滑。原因是什么？因为东西不好吃了。产品动摇了根基，也换来无尽的焦虑。2013年3月31号，他决定一次性回购全部股权，回归产品主义。

与快餐的工业化相比，正餐或许很大程度依然需要依靠手艺。百花齐放、百家争鸣，各家有各家的味道，或许正是正餐的精髓。依赖手工，让每个师傅出品的口味不一样，或许也是非常有意思的生活。在推崇个性化的味道面前，我们很难去争辩这些传统的理念是否站得住脚。不过可以确定的是，在今天连锁率不断提升的中国餐饮业，快餐品牌通过门店规模数量可以轻易占据品类头部，整合供应链，形成"一统天下"的气象，但是正餐却很难。正餐的评判标准往往是特色体验，而不是整齐划一、随处可见。

好吃、特色、个性化，正是正餐的本质。

第二，正餐的"重"也是护城河

正餐之"重"，人工成本最重。而陶陶居的做法更是"避轻就重"，将人工加倍。

上海 800 平方米的店，陶陶居用 135 个员工，而正餐这样的餐厅，可能五六十个员工就够了。陶陶居用了两倍多的人，而且 90% 的员工是广州派过去的，包括厨房、楼面骨干、服务员，工资从 8000 块涨到 10000 块，将成本拉高。正餐要慢开，每开一家店，就要旺一家店！正餐也要"重"，"重"到竞争力大到无可撼动。

重人力资源也是护城河。一个正常的逻辑是，双倍的兵力投入，就是双倍的战力，也是双倍的护城河。超级能"打"的陶陶居，几乎可以做到在每个商场都是平效、人效第一。一个 800 平方米的店，客单价 150 元，一年可以做到 600 万以上的营业额。

第三，正餐价格战打不得

很多餐厅的溃败，往往是从客单价的失守开始的。

客单价是一个餐厅的命运线。如果大量使用促销折扣，价格战的方式会让客单价摇摆下沉，引发一系列的连锁反应。比如利润下滑、团队不足、产品创新停滞、出品品质无法保障等，整个餐厅就会滑向质量下行的恶性循环。

广州陶陶居的客单价，普通的店型定位在 100—120 元区间。但其实陶陶居分为四个不同门店系列，分别设定不同的客单价来满足不同场景的顾客需求。前提是不能随意动摇客单价，不能随意降价，否则系列模型将会失去意义，陷入自我混战。

不仅仅是正餐，在任何赛道打价格战都不是明智之举，伤敌一千自损八百。就连放言最不怕打价格战的快餐王南城香，事实上在 2024 年，一些门店的业绩也出现了下滑，日均营业额一度降至 3 万以下，远低于之前的平均数 3.5 万。究其原因之一，就是大量低价免费策略的反噬效应。在一些南城香门店，充斥着很多前来免费喝粥、吃小菜的中老年"羊毛党"，一根油条加无限量免费的粥和菜品坐半天，客单价、翻台率双降。更深层的影响是，当一家门店被"羊毛党"攻占，由此带来就餐体验下降，那么许多真正的老顾客，以及年轻消费者便会默默离开。

价格战以牺牲价值换取新客流，但也会因为伤害老顾客的价值感，而造成老顾客的流失。最终劣币驱逐良币，"羊毛党"置换了老顾客。

其实我们可以问另一个问题，为什么有的餐厅会打价格战？很多餐厅折扣一停，业绩清零，打完折扣还是会倒闭。

尹江波说，任何时候都应该建立产品自信，因为好吃的餐厅哪有倒闭的？同样，好吃的餐厅也不意味着便宜，因为好吃一定食材好，一分钱一分货。物美价廉是一个悖论，越物美价越贵，物不美价才廉。

如果坚信这个常识，任何时候都不应该参与价格战。

第四，及时止损很重要

正餐有两难：一是体量大，船大难调头；二是沉没成本高，止损难割舍。

餐饮业是个沉没成本很大的行业，尤其店越大，投入越重，沉没成本越大。正因为如此，很多老板在陷入门店亏损困境时，往往难以割舍，总想抱着再看一看、撑一撑的心态，期待转机。这就好比"赌徒困境"，明明一直输钱，但仍不愿意下赌桌，总想等下一把翻身。这样的结果，往往不但不能翻身，还会"翻船"。

陶陶居的开店逻辑是，总部的高管都有投资权，包括每个店的店长，对旗下的分店都有投资权。开店与否由大家一起决策，有需求、有能力就开。接下来就是重点监测门店核心指标——现金流。现金流不好，大家想办法、出主意调整两个月，如果到第三个月调整不过来，还是亏钱，那就毫不犹豫必须关掉，无论这个店前期投了1000万、2000万，还是3000万，必须关店，愿赌服输。

大多餐饮"老炮"们其实都明白一个道理，如果一家店现在不能够产生利润，将来再想让它产生利润是非常难的一件事。一家店一旦业绩下滑超过三个月，基本上就很难救回来，那么就要及时止损。

第五，老字号不代表传统

一讲到老字号就说代表传统，这是中国餐饮行业最大的误区之一，正餐尤其乐于讲传统。而事实上，这些年能够跻身中餐头部的品牌，无论大董、新荣记等精致餐饮还是大众连锁品牌里的佼佼者，恰恰是掌握了中餐现代化表达密码：中餐元素，国际表达，中餐文化，时尚表达。

不能传承的传统并没有价值，不能与时俱进的传承也毫无意义，而最好的传承一定是依赖不断地创新。

与餐饮同样"传统"的行业——服装业，那些国际时尚界的老字号：路易威登创立于1854年，爱马仕创立于1837年，香奈儿创立于1910年……这些老字号依然引领着这个世界的时尚潮流。所以说老字号并不等于传统，很多餐饮人爱讲传统，但是服装业可以反驳说它比餐饮更传统，你有你的厨师手艺，它有它的裁缝技艺。

024 / 加盟品牌要警惕不要彻底变成 to B 公司

当下餐饮行业最引人注目的一股趋势，就是加盟连锁模式逆势狂飙。几乎所有加盟品牌都实现了超高速的门店扩张增长。

千店万店规模的目标，在这三年里像百米冲刺一样被逐个实现，甚至成为品类选手是否登顶头部、能不能 IPO 上市的硬性规模指标。

一方面，转型剧变的大环境下，很多行业备受冲击，"大厂"（大型互联网公司的统称）裁员，新中产努力寻找本职业以外的"创业第二曲线"。大家纷纷将目光投向了餐饮行业，普遍认为餐饮是个高频刚需，又低门槛的行业。大量的餐饮小白涌入，同时孕育出肥沃的"加盟商"土壤。加盟者需求的大爆发，是加盟连锁品牌得以快速扩张、实现千店增长的重要前提。

另一方面，中国餐饮业异军突起两个加盟高地：成都和长沙，堪称网红餐饮品牌制造超级工厂。从品类孵化、品牌设计、营销造势、招商策略到供应链整合等，形成了一套高效的加盟体系。这两大餐饮网红之都，都踩中逆周期里的行业最大风口，接住了加盟商井喷红利。

不过在泼天富贵下，很多品牌早已暗藏危机。

野心勃勃的加盟品牌，已不满足前端的代理费、品牌使用费、技术培训费、营销支持费等，而是将商业模式伸展到了上游供应链，通过自建、整合供应链，赚取向门店供货的差价。

而每个餐饮品牌的第一客户，应该是消费者，to C 是每一个品牌的初心和根基。只有获得消费者认可和支持的品牌，才能持续立足于市场。

然而过大的利益往往会驱使一切变形。赚加盟商的钱太轻松，逐渐地，加盟连锁演变成了招商加盟，很多餐饮品牌公司最品牌不能全身心为消费者负责,就会失去 C 端的信任,就不会成为真正伟大的品牌。

大的部门是招商部。供应链赋能也演变成了赚供应链差价，变身一个 to B 的公司。

预感到 to B 模式不会持久的加盟品牌，往往给品牌设置了两到三年的变现周期。周期一到，"收割"完毕，换一个新品牌继续玩。所以很多"网红"品牌不是死在了通往"长红"的路上，而是人家压根儿就没想成为"长红"。

要判断一个餐饮连锁品牌是否是长期主义，不妨看一下注册公司的全称是什么。

餐饮管理公司，通常只会专注一个品牌，即使是多品牌也会围绕一个核心品牌，特别爱惜羽毛，会不断面向消费者优化服务体验，提升品牌形象。这类公司创始人内心往往有一个可以传承的百年品牌梦。

餐饮品牌管理公司，这类公司的核心能力就是不断孵化制造新品牌，以满足加盟商对品牌的多样化选择和更新换代需求。

品牌二字，暗藏玄机，前者 to C，后者 to B。

在过去的 20 年中餐连锁发展进程中，很多中餐连锁企业因为自建供应链、中央厨房，陷入投资失控、产能过剩、前端门店利润贴补后端供应链亏空等泥沼无法自拔。最终一些快餐品牌不得已甩掉包袱，将供应链板块打包卖掉逃脱苦海。

我这些年经常和很多餐饮老板去日本餐访交流，行程中很重要一个部分就是深入当地供应链车间考察。去的次数越多，有两个感受就越深刻：一是开餐厅和搞供应链完全是两码事，一个重在品牌加门店运营，一个重在工业化流程；二是餐饮连锁做大还是要依靠工业标准分工和产业协作才可行。专业的人干专业的事，协作才能真正高效。

那些致力于专注打造一个优质的、真正长期进入消费者心智的品牌的餐企，其实没有太多精力操心最擅长以外的事。一个品牌不能全身心为前端的消费者负责，忘记品牌其实是为消费者而生，就会失去 C 端的信任，就不会成为真正的品牌，更别说伟大的品牌。最终就会重蹈餐饮行业有品类无品牌的覆辙，门店跟随品牌一轮又一轮的消亡，行业终将不会有健康的发展。

品牌与门店不存，供应链何以依附？

025 / 高翻店率时代的"餐饮入殓师"和"餐饮续命师"

餐饮行业在高强度"内卷"与头部企业的马太效应双重夹击下,腰尾部餐饮入局者出局的速度在加快。消费环境的质变,大量小白进场,使得大部分店面处在亏损闭店边缘。

行业内两大细分赛道应运而生并火热出圈:

一个是"餐饮入殓师":二手设备回收商;

另一个是"餐饮续命师":二手店翻新加盟。

这两个细分赛道都基于"快进快出"逻辑,也就是高开店率与高闭店率并存,进场与离场频率加快的"高翻店率"

市场现状。

二手餐饮设备回收商，可能是很多餐厅闭店前见的最后一个人，也可能是他们在餐饮业的最后一次变现，拿点离开的"盘缠"。

与我们日常看到的门店的光鲜热闹截然不同，它们是行业的背面。正面的繁花入眼，往往给置身其中的行业人制造假象，尤其是那些不惜拿着全部积蓄盲目进军餐饮的小白。而二手设备回收中的种种案例，则会把餐饮背面的残败与残酷，毫不掩饰地呈现出来。

2023年"餐饮老板内参"举办的中国餐饮创新大会，我指名邀请了北京知名网红二手餐饮设备回收商狗哥，让他通过回收视角，从行业的背面来分析行业的真实情况。

由于餐饮业的洗牌速度加快，使得他的回收生意呈指数级增长。

我问他如果回收量太大，会不会有库存压力？他说完全没有，因为一边是大量的门店倒闭，虽然回收数量激增，但是总体来说开店的人数还是比关店的人数多，这就使得餐饮二手设备购买需求持续旺盛；另一边是行业开关店频率加快，洗牌加速导致门店存活期缩短，比如仅 2023 年就有超 350 万新增餐饮相关企业注册，但在年底又注销了 200 万家左右，很多餐饮门店的生命周期活不过"押一付三"的首租期。

很多餐饮新手喜欢采购全新的设备，在快速闭店后成色还很新。这些设备被以一两折的价格回收，再以五六折的价格售卖给更多等着开店的人。在餐饮降本大潮下，很多餐饮"老炮"也敏锐地察觉到二手设备的省钱秘诀，新开门店大量使用二手设备平替新设备，以降低开店成本。

如人类入殓师一样，身为"餐饮入殓师"的狗哥，在行业背面，更能深刻感受餐饮的"生态炎凉"。他每天直面餐厅的各种"死"法，并且亲临倒闭现场。与行业里众说纷纭的分析和观点相比，从二手设备回收角度看向餐饮，往往能洞察到更真实的行业趋势、品类更替、真伪需求、经营痛点、现实人性……得到更清醒的答案。

二手设备回收把餐饮背面的残败与残酷,毫不掩饰地呈现出来。

与二手设备回收如出一辙的另一个火热赛道：二手店翻新加盟，更像是很多濒临倒闭门店的"续命师"。

把不赚钱的门店原地"爆改"，换门头、换品类、换玩法，让一家店起死回生，快速变现，是二手店翻新加盟的核心目的。

作为联合创始人，黄青杰操盘着破店肥哈、王奋斗贵州酸汤火锅、打川川川蜀冒肚等一众品牌。它们的共同点是：

1. 全部"破店风"，面积 300 平方米左右，风格强烈，能做到快速吸引眼球，具备成为网红店的所有元素。

2. 极度压缩装修成本，原地软装，因陋就简，几万块就能"翻新"一家店，不花钱或者少花钱办大事。

3. 极速开业，最快 8 天改完一家店，平均 15 天就能让一家店改头换面重新开张。在他看来，节省房租就是创造利润。

4. 加盟、联营、托管，合作模式灵活多样。品牌、运营、整合供应链集中赋能。

5. 与风口赛跑。快速抓住风口上的品类，快速打造品牌，快速模式开店，快速跑出规模，快速回本变现。如果"风"停了，就快速切换跟进下一个风口。

这套打法唯快不破，堪称行云流水。但也确实是在跟品类风口赛跑，在品类泡沫收缩前获利。《金融与好的社会》作者，2013年诺贝尔经济学奖得主罗伯特·希勒说过：第一，一定要去有泡沫的地方，因为泡沫为我们提供了获利机会；第二，一定要学习辨认泡沫的变化规律；第三，一定要在泡沫破灭前及时离开。

第三部分 突围

026 / 不降低毛利率 就不会有品质性价比

麻六记作为时尚川菜黑马,可以说是将线下餐厅与线上直播零售风口结合得最好的品牌。一边是秉承俏江南底蕴,基于古法川菜创新的时尚餐厅;一边是围绕两代创始人强 IP 的流量变现。然而,如果仅仅把麻六记看作一家依靠明星流量、半网红性质的餐厅,就大错特错了。

麻六记是最早洞察到"品质性价比"趋势的品牌之一。其客单价比俏江南低了至少三分之二,北京 CBD 国贸店客单价不超过 150 元。这么做的目的,是要让餐厅的运营效率和接待品质,控制在一个理想的平衡状态。

除了锁定客单价,麻六记还有一个非常核心的"自我内卷"

经营模型——降低毛利率，提升净利润。

很多行业人乍一看很难理解，这不是自相矛盾吗？其实这正是一个对消费趋势有洞察的餐饮人，才能悟出的真谛。

在一个消费者更加理性务实的品质消费长周期里，餐饮业提高品质最直接和显性的做法，就是提高菜品质量，主动降低毛利率，提升食材的成本。我们每个餐饮人其实都明白一个道理，一道菜品好不好吃，主要的区别就在食材，食材好，味道才好。与此同时，理性消费下，消费者也会更加关注产品本身，而对其他过度的装修、噱头等不感兴趣。

餐饮经营如果依然维持过去 70%~80% 的高毛利率，也就意味着经营逻辑依然是靠产品以外的东西来吸引消费和复购，但事实上顾客对这部分已经不敏感了。而品质性价比看似要牺牲一部分毛利，比如很多品质性价比餐厅将毛利降到 50%，但其实它们是将一部分装修和营销成本置换成了食材成本。也就是砍掉产品之外的一部分成本，转移到食材的升级上去。

我们再回到"降低毛利率，提升净利润"：

优质出品才是当下撬动复购和翻台的关键杠杆。

1.降低毛利率。就是主动提升食材成本，以此来提供高质量的出品。终极目的是用好产品抓住顾客，不断复购，不断翻台。

2.提升净利润。一方面压低房租装修成本、减少人工，实施精细化运营；另一方面注重复购率、翻台率，放大营业额，这样一来中间的固定成本被进一步稀释，最终做到放大利润额的绝对值。

优质出品才是当下撬动复购和翻台的关键杠杆，也就是回归品质的产品主义。

简而言之就是这样一个闭环：低毛利换来好产品，好产品带来高复购，高复购带来高翻台，高翻台带来高营收，高营收稀释中间固定成本，从而实现在看似低毛利的情形下，赚取高利润额。

与简单地追求高毛利率、获取高利润率的粗暴经营理念相比，这么做显然是一种高质量、练内功的增长逻辑，也是行业步入高质量发展阶段的必然要求。

餐饮行业已经从粗放的"抢钱模式",开始进入细致的"深耕模式"。"真正做生意的人,只赚取有限的利润,暴利是不长久的。"

近些年崛起的品质性价比头部黑马,其实基本上都已将毛利率控制在 50% 左右。提升食材品质,就是提升可以碾压低质品类的竞争力。

今天的餐饮,进入了一个消费降级与品质升级并存的时代。2012 年,餐饮业步入了一个高端餐饮降级周期;十多年后的 2023 年,以"消费降级"本身为标志,餐饮业又步入了一个影响更加广泛深远的消费新周期。

两次"降级"其实都有一个共同本质,就是挤掉消费泡沫。消费者更加务实、理性。接下来,无论是中高端餐饮,还是大众连锁餐饮,比拼的都是谁对顾客更真实真诚、更消费透明、更回归品质。谁能做到真心、真诚、真品质,谁才能建立稳定持久的消费关系。在新的品质消费长周期里穿越到未来。

在产品为王的餐饮行业,真正有品质的好产品依然是稀缺品。

027 / 有问题不可怕 怕的是不变化

我去餐厅吃饭,喜欢问问服务员近期店里的生意怎么样。有一次在某知名火锅店吃火锅,跟一个服务员聊起来,结果他全程都在吐槽,说公司最近内部调整的一系列所谓问题:

公司为了降本增效,在一些门店开始试点小时工制度,原来全职的员工,也要根据门店需要排班上岗。这样一来,很多门店由于客流下降接待量不足,一些员工只能在宿舍待命,无班可上,无钱可拿。有的员工工资开始断崖式下跌,一个月到手工资从原来的五六千,直降到两三千。在北京无法维持生存,已经有人主动辞职回老家。

他说即便如此,下个月小时工制度也将在全部门店推行,所有门店灵活用工。

我听下来，心想公司这逻辑没毛病呀。一方面受消费环境影响，门店客流与营收下滑，公司第一反应一定是要降本增效、干预止损；另一方面，即使业绩没有下滑，降本增效也是所有餐企的常规意识和手段，而灵活用工可以说是餐企当下降本增效最大的突破口。

从员工角度，公司推行灵活用工、小时工制度，一定会出现短期的抵触。因为这就像砸了他的"铁饭碗"一样，本来的旱涝保收，变成了干多少有多少。很多时候，人经不起量化。

从公司角度，推行一项战略级的新制度，尤其是触及大部分人自身利益的制度，一定会承担比如人员流失的阵痛。抱怨新制度有瑕疵的人，往往是因为掂量了自己，没有自信在新制度里继续得到利益。那这样的人也该淘汰。

我问他，如果大家心里都这么不满，在服务顾客的时候还会尽心尽力吗？

之所以这么问，是因为我已经感受到一点服务上的变化。比如那天点的一个菜，其实已经端上来了，最后没吃，服务员小哥就说："没事我能给您退掉。"我能理解小哥对我的好意，但我要真的让他退了，就坐实了公司的食品安全流程"有事"。我婉拒了他并坚持把菜打包带走。敞口摆盘的菜品，即使是根茎类蔬菜，上桌之后再退换，也是食品安全漏洞和隐患。

当天其实最令我担忧的，是在这个服务员跟我吐槽的整个过程中，有几次店长就在身边。她显然是能听到，但不仅没阻止，甚至有点蠢蠢欲动，想参与吐槽，说明这个门店从上到下都情绪不小。

团队的心思一旦跟公司不在一起，这个门店亏钱就是必然的。因为在这种情绪对抗中，店员肯定会拿成本撒气，导致在服务流程中出现"跑冒滴漏"。平时该送不该送的果盘、甜点只管送，该退不该退的菜退掉，成本激增、利润消失。

我想这些问题可能只是公司在制度转型中的阵痛缩影。门店出现的系列问题，公司总部未必没有预料到，只是轻重缓急之下，让子弹先飞一会儿。

客单价不断下探，品质感持续『内卷』，降本增效已生命攸关。

在整个行业处于弱复苏通道，甚至消费趋势发生剧变的新周期里，餐饮企业降本增效的压力陡增。尤其是过去定位偏中高端的直营品牌，面临客单、利润、营收三重压力，需要破解包括优化产品定位和用工方式等一系列的结构化变革难题，才能适者生存。

值得欣慰的是，我大概一周来这家餐厅吃一次火锅，亲眼见证餐厅的员工士气在一点点调整变化。距离上次和服务员聊天两个月之后，餐厅的秩序和氛围已经恢复得和之前没有什么两样。门口还与时俱进地增加了店长直播，一边现场热情带客，一边线上引流获客，看得出是新制度效应在快速发酵。与此同时，店内还多了一些新鲜的服务员面孔。

在环境剧变倒逼企业必须应变的当下，上至中高端精致餐饮，下至性价比之王的各式快餐，客单价不断下探，品质感持续"内卷"。行业降本增效已经成为最突出、最迫切、最长期的课题。不仅意识生命攸关，行动更是生死时速。

028 / 餐饮是个"吃草供奶"型"物种"

餐饮业是即时现金流行业，同时也是高毛利、低净利行业。过去行业普遍的毛利高达 60% 以上，普遍的净利又往往只有 10% 左右。

因此也有行业人调侃餐饮业是个"浑身是宝、满身漏洞"的行业。随着这些年中餐标准化的进步、供应链的成熟和运营效率的提升，不少漏洞已被堵上，但与西式餐饮连锁相比，依然有很大优化空间，尤其在人工成本控制上。

人工成本控制的障碍之一在于企业文化。很多传统中餐企业，崇尚家文化，老板家长制，亲情式管理。这样看似是提高企业凝聚力，但也使得原本简单的劳动关系变得复杂沉重。

这些年，餐饮业产品标准化取得了长足进步，但人力资源体系的标准化还相对滞后。

对比看，西式餐饮企业的高连锁率，很大程度得益于人力资源管理的标准化。标准化的岗位职责对应标准化的工时制度。我们在日本、新加坡和欧美的很多国家可以看到，餐饮业普遍使用的是小时工制。利用高效的排班系统，基于岗位的 SOP 标准，可以做到 80% 以上的岗位灵活用工、通岗用工。

而我们的很多中餐企业，还处在"包吃住"、全职状态。企业实际的用工时段，其实每天只有四五个小时的营业时段，却要付出包括员工宿舍管理在内的 24 小时超额管理成本。

中西方用工文化不同，导致了成本结构乃至利润水平的大相径庭。比如连锁之父麦当劳，净利润率一度可以高达 30%~40%，肯德基、萨莉亚亦是如此。其中很大部分是基于对人工成本的高效管控。

餐饮精细化专家卢南打过一个形象的比喻：餐饮企业就是个

餐饮业产品标准化取得了长足进步,但人力资源体系的标准化还相对滞后。

"吃草供奶"型"物种","吃草"就是要对成本狠一点,通过效率控制成本。食材、房租、人工三大成本里,前两项取决于标准化和市场化。所以成本控制最大的着力点是人工成本,这是所有餐饮企业可以持续改进的方向。

029 / 不是工具箱里没工具
　　　　　而是意识里的难扭转

2022年1月12日，主打"新香辣海鲜火锅"的七欣天国际控股有限公司曾递表港交所主板，差点成为中国第三大港股火锅上市企业。

而那次七欣天筹备上市的最大看点之一，则是通过灵活用工，在营收缓慢增长的同时，实现了利润高速翻番增长。财报显示，2019年、2020年及2021年9月30日，七欣天的收入分别为12.85亿元、14.25亿元、14.80亿元，对应净利润分别为8115.7万元、1.72亿元和2.59亿元。利润率大幅增长，分别为6.37%、12.08%、17.53%。可以说实现了从低于行业平均水平，到高出行业平均水平的跨越。

利润率的跨越式增长,除高毛利爆品梭子蟹销售额拉动之外,与压缩员工成本直接相关。自 2020 年,七欣天将清洁服务、服务员等临时工作,外包给第三方人力资源公司。公司雇员从 2019 年的 4707 名缩减至 1713 名。外包员工数量占比从 0,到 59.97%、65.19%,逐年扩大。人员成本占比也从 23.9%,降到了 17.2%。

正是这一举措,将七欣天送到了港股的上市门口。也再次说明,餐饮业的"三高一低",虽然房租、食材成本"两高"优化空间不大,但是高"人工成本",确实可以通过大刀阔斧的改革,实现立竿见影的效果。

灵活用工方法论、灵活排班系统工具、精益化运营管理都日臻成熟。很多传统餐企面对的挑战,除了公司业务 SOP 化水平,还有对"Z 世代"员工个性的理解,即新的符合年轻人的企业文化的建设。比如年轻人真的喜欢统一管理的集体宿舍生活?年轻员工真的有必要全盘接受企业文化?真的需要员工把企业当成自己家?

这些在过去长期存在的餐饮企业文化,其实跟长期的餐饮行餐厅如果做不到全时段营业,就没有必要支付餐时之外的用工成本。

业岗位和业务流程不能标准化有直接关系，只有抽象的业务标准，才需要宽泛、买断似的用工方式寻求管理上的安全感。然而，真正的运营效率一定是建立在具体的 SOP 之上，具体的标准对应可以量化的人工和工时，从而得出精准的人效。

与此同时，餐企还要反问自己，为何要 24 小时承担用工风险成本？只要是包吃包住的全职用工方式，就意味着员工上班有成本、下班回宿舍路上有风险成本、租赁管理宿舍同样是成本……餐厅如果做不到全时段营业，就没有必要支付餐时之外的用工成本。

中国可能是极少数餐饮业没有普及工时制的国家之一，这与我们的传统观念、对于全职工作带来的所谓安全感有关。但是随着餐饮业进入连锁效率竞争时代，灵活用工、小时工制度也必将在行业加速普及。

以麦当劳为例，每个门店均由全职员工和时薪制员工组成。当一个门店的全职员工达到 30% 以后，就不允许再招聘全职员工。一线人员中，非全日制、学生工、退休工等时薪制员工，超过门店员工总数的 70%，而且每个员工都是通岗，出餐、收餐、点单、清洁、点单收银几乎全会。

　　这使得麦当劳的人工成本只占营业额的百分之十几，远远低于中餐连锁的平均水平。在降本增效已经成为行业共识的今天，摆在餐饮老板面前的，其实并不是工具箱里没工具，而是意识里的难扭转。

030 / 高端餐饮除了高大上真的不能太好吃吗

前些年看过一部为数不多的涉及餐饮经营题材的电影,是由金城武和周冬雨主演的,名字叫《喜欢你》。

电影里金城武饰演一位身家百亿美金的酒店集团总裁,到上海去并购一家老牌酒店。为了完成收购前的"尽调",他假扮成神秘客人提前入住酒店真实体验。周冬雨则饰演这家酒店餐饮部的主厨,反正就是跟老板金城武展开厨艺大论战并最后相恋。电影中有两个片段让我印象深刻:

片段一

当金城武敲定收购老牌酒店的事项后,决定将其定位成国际精品酒店。改革方案就包括，优化掉现有餐饮部门，也就是裁掉周冬雨所扮演的主厨及其后厨团队。

周冬雨质问金城武：为什么要裁掉餐饮部门？是我们不够国际化？还是不够精品化？

金城武回答：是不够标准化。

片段二

金城武向大 BOSS 父亲汇报收购进展。

父亲问金城武：餐饮部接下来准备怎么搞？

金城武回答：准备全面对接米其林三星餐厅的出品标准。

没想到父亲摇摇头，严肃果断道：不要！菜品不能太好吃，不然会喧宾夺主，影响客户谈事情。

这两个电影片段清楚地强调了两点：

1. 酒店餐饮标准化的重要性。

2. 酒店餐饮的价值不是自己的菜多好吃，而是客人的事最重要。

第一点众所周知，餐饮标准化在今天不再是个值得争议的话题。

第二点，这部电影上映时间是 2017 年。上映的前一年，米其林指南刚刚进入中国上海；上映的后一年，美团发布了"中国人自己的美食榜"黑珍珠餐厅指南。

这是中国中高端精致餐饮评价标准诞生的标志性事件。所以假如放在今天，"酒店餐饮菜品不能太好吃"这个说法，绝对是站不住脚也不能苟同的。因为这些年酒店餐饮始终是米其林、黑珍珠摘"星"拿"钻"的主力军。而能够摘"星"拿"钻"，好吃肯定不是全部条件，但一定是核心条件。

不过，我们也确实很难考证，高端酒店餐饮、精致餐饮在口味评价方面跟大众消费者之间是否存在理解鸿沟，这个口味理解能够摘『星』拿『钻』,好吃肯定不是全部条件,但一定是核心条件。

偏差会不会也影响到了那部电影导演的观念。我从 2017 年间的"知乎"有关话题里，找到一些消费者对于高端餐饮的评论，或许证明了鸿沟的存在：

1."应酬败胃。进酒店，大多是请客应酬，场合太正式，大家的注意力都在相互照应，目的不是吃，所以对吃的感觉就弱了。"

2."酒店的菜品，重花样不重口味，更多还是配合接待需要，看起来丰盛，但可口的不多。"

3."应酬话多了，时间一长，胃口就没了。"

……

事实上，这些年我每年都受邀参加中国旅游饭店业协会举办的"酒店餐饮高端论坛"，每年都绕不开酒店餐饮与社会餐饮竞争的话题。在社会餐饮的狂飙突进下，面对高端客群的争夺，酒店餐饮的紧迫感也与日俱增，竞争与合作关系也难分难解。

今天的高端餐饮市场,已经进入主理人竞争时代,主厨与老板集于一身,个个身怀绝技,其实出品想难吃都难。甬府餐饮创始人、主理人翁拥军曾说:"高端餐饮,最终大家讲究的还是品质、品牌、服务、客人的体验感、感受度,也不光是一盘菜的事。"

031 / 大师菜 + 标准菜将会成常态

餐饮业一直存在一个有意思的现象：当一些新技术、新模式、新设备兴起时，总有很多人声讨，也总有人默不作声先用起来。用的人不说，说的人不用。

比如一度争议很大的预制菜。本质上其实是大众对餐饮食品工业发展进程的全然不知，对餐饮的概念还停留在所有饭菜都应该是厨师在店里一点点加工出来的，否则就是不合理、不能接受的。但发展预制菜产业早就写进了中央一号文件。食品科学与消费者认知的巨大脱节和信息不对称，是造成"谈预制菜色变"热点舆论的根源。

和预制菜类似，餐饮业里另一个"科技狠活"，餐饮智能炒菜锅、后厨机器人等解决人工痛点的数字化餐厨设备，这些年从未停止过迭代。很多老板悄悄使用，但尽量不会让顾客知道。

记得前些年，曾享誉全国的餐饮巨头湘鄂情创始人孟凯孟总约我聊天，跟我透露过一个不为人知的秘密。他说当时湘鄂情有一道炒菜，总是被客人投诉，今天说咸了明天说淡了，总之就是出品不稳定老被挑毛病。加上当时湘鄂情的高端定位，即使是一道普通的炒菜都可能卖出"天价"，客人吐槽可能也是因为这道花了"天价"的普通小炒，居然还发挥不稳定。

这个问题困扰他很久，直到后来，他发现了一款数码机器炒菜锅，只要按下按钮，投放净菜和料包，就能一键成菜，口味非常稳定，总之就是比人工靠谱。打那以后，这道菜再也没被投诉过。

在 2012 年以前那个中高端餐饮的时代，这样的领军品牌，居然售卖了非大师操作的机器炒菜。假如放在今天，一定比预制菜更快上热搜。

但是，我相信今后的中高端餐饮，一定会出现两个极端趋势：

大师菜＋标准菜。

主厨会越来越珍贵，他们发挥的价值会越来越大，定位将趋向主理人、大师化。普通厨师如果不能依靠天赋朝大师发展，就会逐步被机器替代。所以厨师界的马太效应也在逐步扩大。

即便是高端餐饮，也有很多像湘鄂情那样可以用炒菜锅加工的基础菜品。这些基础的、标准化程度高、利润价值产出又相对不高的产品，一定会寻求机器替代人工的方案，以保证高效率、稳定的出品。这部分产品不需要很出彩，但需要不出错。而且随着餐厨智能化的不断迭代，机械臂、智能炒菜机器人已经可以精准拿捏锅气、火候，将中餐菜品的特色味道高水平还原。

所有技术的进步，本质上都是为人类赋能，但又是在替代人类的某些功能。我们也不用过度担忧，即使是人类的某个技能被PK下去，相信我们又会进化出新的智慧，找到新的出路。

此外，名厨大师也不会是机器人替代的目标，而且名厨大师甚至会成为机器人的研发顾问。高端餐饮里的主打菜、核心特色标准化产品的占比会逐渐提高，跟科技创新的结合也只会越来越紧密。

菜,还是要依靠大师们的智慧去创造。

无论是高端餐饮还是大众餐饮,标准化产品的占比会逐渐提高,跟科技创新的结合也只会越来越紧密,只有这样才会推动整个餐饮产业不断进步。

032 / 连锁餐饮要摘的"星"是星辰大海的"星"

在一次餐饮行业峰会上,与我一起同为圆桌主持的,是中国台湾著名美食评论家姚舜先生。姚先生聊到米其林评选标准的话题时,一位连锁餐饮大佬小声说道:"我们永远也摘不到米其林星星……"

米其林美食指南由法国知名轮胎制造商打造,具有 100 多年历史。自 1926 年授出第一颗星星之后,就逐步在全世界范围内被推上美食榜神坛,甚至成为众多餐厅和主厨们毕生追求的荣誉。

米其林星级,之所以会被追捧,原因是每次入选名额稀少。而且一旦入选,对餐厅是强大背书,不仅有助于品牌知名度快速提升,还会带来源源不断的客流。

然而,米其林星级的评定标准也一直伴随一些争议。争议最大的,则是一个外地榜单对于当地美食评头论足的问题。作为一个起源于美食之都法国、长时间主要面向欧美读者的美食指南,米其林在西餐评判的权威性上一直没有异议。但在亚洲美食的认定上,就遭遇过不少指摘。比如《米其林红色指南·东京卷》,就曾被不少日本美食家、名厨及美食杂志挑刺儿,认为他们并不懂日本美食。很多百年老店甚至直接拒绝米其林官方的授牌。

我曾在日本京都探访过坐落于南禅寺内部的怀石料理瓢亭本店。这家餐厅有着超过 400 年的历史,是京都历史最悠久的餐厅之一,也是拒绝过米其林的餐厅之一。2008 年它曾被米其林评为三星餐厅,但当时的店主却傲娇地拒绝了这个荣誉,并直接开怼:日本美食的口味,怎么能让一个法国人的杂志去评判呢?

2015 年,米其林正式进入中国大陆,并于 2016 年 9 月,发布《米其林红色指南·上海卷》,51 家餐厅入选、"摘星"。

当时网上的争议也炸开了锅。有食客专门跑去一些"摘星"

虽然不在米其林『摘星』，但有上九天揽月的使命。顶天立地，不如铺天盖地。

餐厅体验，发评论说感觉口味一般，在网上批评米其林的筛选水准也不过如此。有关"米其林懂不懂中国胃"的话题，也一度登上热搜。

后来，美团借势推出了一个"中国人自己的美食榜——黑珍珠餐厅指南"，堪称中国版米其林。如今在国内精致餐饮界，黑珍珠的地位与米其林已平分秋色。

那么到底什么样的餐厅能够上榜，米其林和黑珍珠首先从未公布过详细明确的上榜打造手册，其次官方宣布的大体评审维度，涉及食材、烹饪技巧、口味融合、菜品创意、稳定出品五个方面，听起来也确实挺官方。现实中，很多美食家也根据餐厅"摘星"的经验总结出来一些具体的操作攻略，比如：

1. 味道正宗：无论你在世界的什么角落，做的什么菜系，必须要能够明确分辨出来。最好原汁原味，与原产地一样地道。因地制宜的变异品种可能不行。

2. 食材新鲜：能直采直用就不要冷藏，能用冷藏就不用冷冻。

3. 主厨稳定：米其林的核心评判标准有传统的一面，主厨往往起着决定性作用。巴黎最著名的银塔法餐厅，曾拥有米其林最高等级的五副红色叉匙、三颗"星星"，分别代表其奢华空间体验和最高烹饪水平。但后来，著名的星级名厨阿兰·杜卡斯，因为合同纠纷离开了银塔，导致银塔掉"星"降为一颗。

就这些标准来看，追求规模化的连锁餐饮品牌和米其林基本可以说是绝缘的。中国的餐饮需要更多像新荣记这样的米其林黑珍珠主理人大师餐厅，也需要更多像海底捞一样"水大鱼大"的连锁企业。26岁就当上百年老店"同和居"厨师长，后来开创中餐标准化品牌连锁先河，发明无油烟、无厨师、无重复材料利用的"三无餐厅"连锁头部，黄记煌创始人黄耕，他说："'三无'加上产品标准化，是黄记煌在全国遍地开花的最主要原因。"

中国餐饮的连锁化进程，正在填补长期以来"有品类没有大品牌，大行业没有大企业"的行业空白。一批敢于创新的连锁头部也在奔赴星辰大海，虽然不在米其林"摘星"，但有上九天揽月的使命。正如海底捞创始人张勇所说："顶天立地，不如铺天盖地。"

033 / 老板做决策可以先僵化再优化

有一次,我陪着西贝创始人贾国龙一起,去某政府办公室汇报沟通工作。

当时社会上对公务员办公室面积有一些热议。比如,据说原来有的领导办公室面积很大,需要打隔断进行改造,不得超标使用。

于是就有一种声音:这么做好浪费啊!打隔断、装修还要花钱,用都用了,保持原状难倒不是最实际的做法吗?

我问贾总对此怎么看,贾总说很好,首先应该支持原则,然后再探讨其他,再想最优的办法。我觉得很有道理,也颇有哲理。

他还说，打隔断装修看起来是再次花钱投入，但是换来的实际意义价值更大。比如以前的领导办公室面积很大，企业家去办事，只能远远坐着，有一种领导高高坐在公堂上的错觉，心理上的距离远了，政企关系就显得不亲了。沟通说话也挺费劲。

现在办公室变小，从物理空间上，一下子可以和领导面对面坐了，亲近感就有了，有利于汇报沟通，促膝长谈。

看似是缩小办公室面积，实则是拉进与老百姓的距离。这个意义不是金钱可以衡量的。

他又说,我们经营管理企业不也这样吗？一个大的企业组织，有时候需要快速推进一个战略，尤其当这个战略决策面对的是转瞬即逝的市场机遇时，你根本无法做到面面俱到，去征得所有人的理解和支持，因为市场没有给你解释的时间。这个时候，只能"先僵化，再优化"，先干了，再细说。

创始人做决策，本来就是一个由粗到细，从方向到方法的推进过程。世界上有一种最孤独的人，就是创始人，因为常常需要

"听多数人意见，自己做决定"。这并不是独断，而是既要听进去意见，又要能够分辨意见，最后敢于自己承担决策后果和责任，这是每个创始人的宿命。创始人既要做让团队信服的"好人"，也要敢于承担因为决定而得罪人的"恶"名声。

"先僵化，再优化"，"先做对，再做好"。对此，现代管理学之父彼得·德鲁克也说过：没有尽善尽美的战略决策。人们总要付出代价。对相互矛盾的目标、相互矛盾的观点以及相互矛盾的重点，人们总要进行平衡。最佳的战略决策总是带有风险的。

先做对，再做好，没有尽善尽美的战略决策。

034 / 重要的方法只有一个
那就是重复

有位餐饮老板曾问我,那些网红店到底有没有雇人排队?为什么那么多人为了喝一杯奶茶,吃一顿火锅,愿意排三个小时的队?这个时间成本可以从上海飞到日本了……

他曾亲自在北京三里屯新开业的喜茶店门口,蹲点了四个多小时观察,最终还是没有弄明白大家为什么愿意排队。

还有一次在绍兴,我参与录制一期《吴晓波频道》的节目视频,吴晓波老师也问我同样的问题:喜茶为什么排队这么火爆?是因为真的很好喝吗?

我说,排队到这个程度,其实已经跟好喝关系不大了。非要说为什么排队，原因就是大家看到排长队，所以就加入了，如此循环。

为此我还真的采访过排队买喜茶的顾客。一位"95后"女生告诉我：她之所以排队，是因为听说这个奶茶只有排队才能喝到，于是就专门来排队。关键是奶茶到手后她迅速拍了合照发到社交媒体，昭告天下打卡成功，然后再转手加价卖给身边的黄牛……

这是妥妥的怪诞行为学。作为大消费赛道的餐饮业，餐饮老板一定要明白，消费者的一举一动，都饱含了一系列经济学深意，以及有规律可循的心理学规律。

所以我想分享一份我的读书笔记，关于19世纪法国社会心理学家古斯塔夫·勒庞的著作《乌合之众》。里面有大量的观点深深震撼到我，堪称于我最能解惑的一本书。通过梳理出的一些金句观点，许多平时在管理、战略、品牌、营销、组织等方面的疑惑豁然开朗。

第一部分：关于管理、组织、战略决策

群体无意识，群体能拉低智力。哪怕一群博学的人聚在一

起，他们的观察力和批判精神也会马上消失……

1. 群体无疑总是无意识的，但也许就在这种无意识中间，隐藏着它力量强大的秘密。

2. 群体的眼光短浅。群体不善推理，却急于采取行动。

3. 从事实角度看，世上一切伟人，一切宗教和帝国的建立者，一切信仰的使徒和杰出政治家，甚至再说得平庸一点，一伙人里的小头目，都是不自觉的心理学家，他们对于群体性格有着本能但非常有把握的了解。

4. 在集体心理中，个人的聪明才智被削弱，从而使他们的个性也被削弱，个性被同化，集体无意识占了上风。

5. 群体一般只有很一般的品质，这一事实解释了它为什么不能完成需要很高智力的工作。群体中累加在一起的，只有愚蠢而不是天生的智慧。

6. 在群体中，每种情感和行动都有传染性，其程度足以使个消费者的一举一动，都饱含了一系列经济学深意，以及有规律可循的心理学规律。

人随时准备为集体利益牺牲其个人利益。这是一种与其天性极为对立的倾向，如果不是因为群体的一员，他很少具备这样的能力。

7. 在群体中，具备强大个性、足以抵制那种暗示的人寥寥无几，因此根本无法逆流而动。

8. 有意识人格的消失，无意识人格的强势，思想和感情因暗示和相互传染作用而转向一个共同的方向，以及立刻把暗示的观念转化为行动力，是组成群体中的个人所表现出来的主要特点。他不再是他自己，他变成了一个不再受自己意志支配的玩偶。

9. 法国大革命时期，国民公会的委员们，如果分开来看，都是举止温和的开明人。但当他们结成一个群体时，却毫不迟疑地听命于最野蛮的提议，把完全清白无辜的人送上断头台，甚至在自己人中间也滥杀无辜。

10. 只要几个人聚在一起就能形成一个群体，就算他们全是博学之士，在他们的专长之外同样会表现出群体的所有特点，他们每个人所具有的观察力和批判精神马上就会消失。

11. 群体的集体观察极有可能出错，大多时候它所表达的是在传染过程中，影响着同伴的一种个人幻觉。

12. 群体的证词极不靠谱，它甚至能够达到无以复加的程度。

第二部分：关于营销、广告、超级符号

想要影响受众，就一定要把概念提炼得简单明了、通俗易懂，否则，哪怕你说得再正确也不会被人接受……

1. 给群体提供的无论是什么概念，只有当它们具有绝对的、毫不妥协的和简单明了的形式时，才能产生有效的影响。

2. 概念只有采取简单明了的形式，才能被群体接受，因此它必须经过一番彻底的改造，才能变得通俗易懂。当我们面对有些高深莫测的哲学或科学观念时，我们尤其会看到，为了适应群体低下的智力水平，对它们需要进行多么深刻的改造。

3. 千万不要以为，一种概念会仅仅因为它正确，就至少能在有修养者的头脑中产生作用。

4.群体没有逻辑推理能力，不能辨别真伪或对任何事物形成正确的判断。群体所接受的判断，仅仅是强加给他们的判断，而绝不是经过讨论后得到采纳的判断。

5.当概念通过不同的方式，终于深入群体的头脑之中，并且产生了一系列效果时，再和它对抗是徒劳的。

6.让概念在群众的头脑里扎根需要很长时间，而根除它所需要的时间也短不了多少。因此就概念而言，群体总是落后于博学之士和哲学家好几代人。

7.群体是只会形象思维的群体，也只能被形象所打动。只有形象才能吸引或吓住群体，成为他们的行为动机。因此，最能活灵活现反映人物形象的戏剧表演，总是能对群体有巨大的影响。

8.影响民众想象力的，并不是事实本身，而是它们发生和引起注意的方式。必须对它们进行浓缩加工，它们才会形成一种令人瞠目结舌的惊人形象。掌握了影响群众想象力的艺术，也就掌握了统一他们的艺术。

9. 群体的信念有着盲目服从、残忍的偏执,以及要求狂热的宣传等这些宗教感情所固有的特点,因此可以说,他们的一切信念具有宗教形式。

10. 最不明确的词语,有时反而影响最大。

11. 说理与论证战胜不了一些词语和套话。它们是和群体并存的。

12. 政治家最基本的任务之一,就是对流行语,或至少对再没有人感兴趣、民众已经不能容忍过时名称的事物保持警觉。

13. 统治者的艺术,就像律师的艺术一样,首先在于驾驭辞藻的学问。

14. 自从出现文明以来,群体便一直处在幻觉的影响之下。他们为制造幻觉的人建庙塑像,设立祭坛,使他们享受的尊荣超过了其他所有人。

15. 通常,一代人的经验对下一代人是没有多少用处的。

16. 那些知道如何影响他们的演说家，总是诉诸他们的感情而不是他们的理性。逻辑定律对群体不起作用。

17. 要让群体相信什么，首先得搞清楚让他们兴奋的感情，并且装出自己也有这种感情的样子,然后借助于初级的联想方式，用一些非常著名的暗示性形象，去改变他们的看法，这样才能够回到最初提的观点上来。

第三部分：关于品牌、领导力

能够影响受众的三种最重要的方法——断言法、重复法、传染法。

1. 只要有一些生物聚集在一起，不管是动物还是人，都会本能地让自己处在一个头领的统治之下。一群人就像温顺的羊，没了头羊会不知所措。

2. 大多数人，尤其是群众中的大多数人，除了自己的行业，对任何问题都没有清楚而合理的想法。领袖的作用就是充当他们的引路人。

3. 领袖的动员手段：断言、重复和传染。

4. 当领袖们打算用观念和信念，例如利用现代的各种社会学说影响群体的头脑时，他们所借助的手段各有不同。其中有三种手段最为重要，也十分明确，即断言法、重复法和传染法。他们的作用有些缓慢，然而一旦生效，却有持久效果。

5. 做出简洁有力的断言，不理睬任何推理和证据，是让某种观念进入群众头脑最可靠的办法之一。

6. 一个断言越是简单明了，证据和证明看上去越贫乏，它就越有威力。一切时代的宗教书和各种法典，总是诉诸简单的断言。

7. 号召人们起来捍卫某项政治事业的政客，利用广告手段推销产品的商人，全都深知断言的价值。

8. 如果没有不断地重复断言，而且要尽可能措辞不变，它仍不会产生真正的影响。拿破仑曾经说过，极为重要的修辞法只有一个，那就是重复。

9. 不断重复的说法会进入我们无意识的自我深层区域，而我们的行为动机正是在这里形成的。到了一定时候，我们会忘记谁是那个不断被重复的主张的作者，我们最终会对它深信不疑。

10. 广告之所以有令人吃惊的威力，原因就在这里。如果我们成百上千次读到，X牌巧克力是最棒的巧克力，我们就会以为自己听到四面八方都在这样说，最终我们会确信事实就是如此。如果我们成百上千次读到，Y牌药粉治好了身患顽症的最知名人士，一旦我们患上了类似的疾病，我们终究会忍不住也去试用一下。

11. 一个人占据着某种位置，拥有一定财富或头衔，仅仅这些事实，就能使他享有名望，不管他本人多么没有价值。

12. 法袍和假发是法官必不可少的行头。没了这些东西，他们的权威会减少一半。

13. 历史，尤其是文学和艺术的历史，不过就是在不断地重复一些判断。谁也不想证实这些判断，每个人最后都会重复他从学校里学到的东西，直到出现一些再也没人敢于说三道四的称号和事物。

14. 名望的产生与若干因素有关，而成功永远是其中最重要的一个。

15. 每个成功者，每个得到承认的观念，仅仅因为成功这一事实，便不再受到人们的怀疑。

16. 写成文字的纲领不可过于绝对，不然他的对手就会用他来对付自己。但是在口头纲领中，再夸夸其谈也不过分。可以毫无惧色地承诺最重要的改革。

第四部分
出海

035 / 中餐出海：
国内十年餐饮创新的一次整装输出

2024 年春天，在巴黎，我和国内 20 余位连锁餐饮品牌的老板，一起拜访法国俏厨娘品牌创始人朱建琴。

朱总在社交媒体上的昵称是"巴黎俏厨娘朱姐"。朱姐从事餐饮 37 年，有 7 家海内外餐厅的经营经历，定居巴黎 24 年，属于第一代华侨中在海外打拼，并创立有影响力餐饮品牌的佼佼者。这些年的大部分时间，朱姐的主业是经营大宴会为主的中式正餐，旗下的"将军府"酒楼，是很多巴黎华人生日、结婚、典礼宴请宾朋的传统场所。

随着这些年国内餐饮发展风起云涌，朱姐也经常来往上海、北京等地参加各种培训学习，当作观察国内餐饮业的一扇窗口，用于知己知彼。也见证着许多中餐出海品牌的兴衰成败，并不断总结得失，始终保持着在自己的海外大本营发掘餐饮新机会的敏感。

由于标准化程度高，规模化复制性强，2020—2023年间新式茶饮、快餐连锁品类是这波中餐出海的主要品类。受其影响，也由于市场防守与竞争的需要，朱姐在大酒楼之外，已孵化出串串、麻辣烫、小面等快餐连锁品类品牌。

这次餐访交流，朱姐刻意问了我一个带有刺探意味的问题：中餐到海外，比如到法国有商机吗？

我向朱总介绍了几点中餐出海的原因。

首先，国内的餐饮行业"内卷"，竞争激烈。

在任何一个品类赛道，竞争的强烈度和复杂度，相比十年前都在呈指数级增加。

从数量上，由于经济下行产生的"人才挤出"效应，大量教这一轮中餐出海既是一次逃离『内卷』的出走,也是寻找新的蓝海增量和消费高地的市场决策。

育、房地产、互联网等行业的人被"挤往"餐饮业，导致餐饮创业者数量激增，每年有两三百万以上的餐饮相关企业注册量，且增速不减。

僧多粥少、供大于求、同质竞争已经成为行业普遍现象。今天在国内许多商圈，站在一个地点环顾四周，大概能同时看到三四家咖啡品牌、两三家奶茶店、火锅店、湘菜馆、烤肉店……

从质量上，一方面头部品牌连锁扩张持续加速，势能越来越强，形成系统化集团军，对阵零经验餐饮小白的市场格局。另一方面，小白的涌入，被各种第三方平台、运营机构裹挟、引导，盲目发动"价格战"，打折、促销、团购、引流获客动作满天飞。

大面积的价格战，难免让很多头部品牌也被带节奏地参与其中。

强大头部，与初生牛犊不怕虎的小白狭路相逢，后者"死伤"无数，前者强者愈强。

其次，消费降级既成事实。

近 20 年的中国餐饮，如果要找出两个行业大转型的显著分水岭，第一个是 2012 年，标志着公务高端餐饮消费时代的落幕，与市场化大众连锁餐饮的黄金崛起；第二个便是十年后，以 2023 年为起点，此前热议多年的消费升级，在"复苏元年"陡然转向，一个消费降级长周期不期而遇。

客单价、门店营收、同店比等核心指标大幅下滑。很多头部品牌开启主动降价模式，以迎合理性、务实的消费新时代。

对于一些上市餐企来说，不得不去平衡自身增长的问题，一边应对客单价下滑，一边要通过不断开店维持增速。

再次，"冬天"诞生伟大的孩子。

正如 1937—1954 年的美国，刚刚经历经济大萧条，麦当劳兄弟开始创业；1971 年星巴克也诞生于处于石油危机打击中的美国；1982 年日本经济泡沫破裂前夜，ZENSHO 泉盛餐饮集团建立；1986 年泡沫危机中的日本国民烧鸟快餐连锁——鸟贵族诞生……

2020年之前，在刺破高端餐饮消费泡沫后的十年，中国诞生了大批品类创新的餐饮品牌。一批头部品牌在这十年中进化为"成百上千破万"的规模门店巨头，其背后还站着大批赋能餐饮的平台、资本、供应链、服务商，生态体系已无比庞大，且在继续壮大。

2020年之后，"消费降级"真正降临之前，一批嗅觉灵敏的餐饮黑马，早已踏中了"品质性价比"的趋势风口，逆势而上，造就了一批像米村拌饭、费大厨、兰湘子、熊喵来了、芳竹园火锅、康文福砂锅、星平鸡饭、临榆炸鸡腿等"物美价平"的品质业态标杆。逆境反而历练出超强本领，作为连锁品牌，它们大多师夷麦当劳，视野全球化。征途刚刚起步，还在不断阔步。

因此，这一轮中餐出海既是一次逃离"内卷"的出走，也是寻找新的蓝海增量和消费高地的市场决策，同时也是这些年中餐创新升级成果的一次整装输出。

036 / 中餐出海如何落地：供应链与本土化

中餐出征星辰大海，并非一路畅行无阻。真正落地的时候，依然需要破解很多具体难题。

很多餐饮人往往抱着"降维攻击"、用实力碾压的盲目自信心态，去海外开拓市场，其实是挺危险的。一个基本的常识是，在任何一个市场都不会理所当然地成功。在国内做不好，很可能在国外也做不好。出海并不是逃避国内"内卷"的退路。

只有在国内市场被验证了的成功，才可能在国外市场去复制并验证成功。即便如此，验证也不能完全保证成功。

针对出海如何落地，我和德庄国际联合创始人吴克奇在一次对谈中，列举了几个优先级最高的难题。

作为第一批中餐出海的火锅连锁品牌代表，2011 年，德庄火锅在加拿大多伦多开出了海外首店，之后经过十几年的发展积淀，已覆盖加拿大、美国、澳大利亚、新西兰等多个海外市场。并于 2018 年成立德庄国际，深耕海外餐饮市场，开展包括投资管理、产品研发、国际餐饮文化交流、产品分销与物流等供应链解决方案业务。

中餐出海，会面临两大难题：供应链和团队本土化。

兵马未动，粮草先行。中餐出海首先面临的一大难题，就是海外市场核心供应链长期稳定、安全合规的保障能力。

比如火锅品类的核心供应链，其实就是复合调味品。然而每个国家法律法规并不统一，这就导致配料成分表不可能和国内一致，各个国家之间也不可能完全一致。甚至小到一个标签的要求都不一样。

这是第一大考验，这个问题不能解决，产品就无法复制出

盲目的自信不可取,
但过度的迎合,
也会失去自我。

去，口味也无法得到保障，门店就没有市场扩张的基础。

第二大考验，就是团队的本土化。中餐出海本质上要解决的是市场融入问题，面对全新的环境，最好的办法就是利用国际团队的"向导"作用，最快并轨当地市场。

德庄的团队中，有意大利合伙人，也有来自美、英、韩、印尼的伙伴。"联合国"团队本身就是一个融合体，这使得德庄能够快速地弄清当地市场环境、法律法规、对接资源等。

然而包容、多元、开放的国际团队，也会形成新的企业文化，同时对国内既有的企业文化形成冲击和挑战。经营团队本土化挑战，首当其冲的，是国内的整套SOP、门店的经营管理体系搬到国外并不适用的问题。

比如大部分国家的劳动制度规定，员工一周只能工作40个小时，每天不能超过8小时。一旦超时，对不起，1.5倍工资！这个是必须付的。

再比如国内餐饮门店，会习惯开个班前会，要求员工提前

15 分钟到岗，这在国外也很难实现。员工按规定 10 点钟上班就是 10 点钟上班，你告诉他要 9:45 到，那是不太可能的事情。

而且在门店运营的具体操作流程中，很多国内的规定动作、用语，面对国外员工也要重新调适，以匹配当地人文与习惯，需要反复打磨。吴克奇介绍他们在美国尔湾的一家店，从一开始复制过去的 SOP，到最后运营团队在门店一点点修改，花费半年时间，调整了 11 个版本。最终必须形成一套适应当地的门店运营体系。

面对海外陌生市场，需要让自己的品牌跟当地的消费习惯合理融合。中国美食走到海外，到底要不要改变味道，迎合当地人的口味做定制产品开发，可能是出海前老板们考虑的最多的问题之一。

中国美食文化最底层、最核心的东西，其实就是中国味道。味道能够让更多的人形成记忆，同时也能够让更多的人去接受。世界各地的食客对食材的习惯不一样，但是味道的包容性，其实足够大。

比如用味道包容食材。找到一条基于食材的饮食、生活习惯融合之道，把具有中国代表性的味道和国外当地人常见、习惯的食材做结合，这样既能够将中国美食文化传递给当地消费者，又能兼顾当地的饮食习惯。

针对这个问题，我在欧洲、北美也专门采访了很多当地人。问他们印象中的中餐，以及他们期待吃到的中餐是什么样子。

其中有一个德国人告诉我，他去过香港和上海，吃过地道的中国美食，觉得特别好吃，留下了难忘的美好回忆。但在德国，他觉得大部分的中餐不太正宗。除此之外，独特的中国文化也是最吸引他的地方。我问的其他几个老外，回答也大体如此。

很多国内餐饮老板在谈到中餐出海时，一般都会有几个高频的词汇：中国强大、文化自信、文化输出……可以说自信满满。但是，当自己的产品真要出海的时候，突然又不自信了，对自己的产品口味不自信了。

我们不禁要反问自己：为什么出海？

盲目的自信不可取,但过度的迎合,也会失去自我。

一个肉眼可见的趋势是,在海外中餐厅消费的外国人数量越来越多,会用筷子的外国人越来越多,就连能吃麻辣的外国人也越来越多……中餐出海前赴后继,也是中国味道征服世界的进程。

当更多外国人爱上中国味道,那个不正宗的味道一定会被否定掉。

037 / 中国餐饮
真的能摸着日本过河吗

我的投资人、著名财经作家吴晓波说过：日本餐饮有中国餐饮看得到的未来。因为地缘接近、文化趋同，日本一直是中国餐饮老板趋之若鹜的研学目的地之一。从过去考察中央厨房、品类创新、精益管理，到今天，中国餐饮人对日本的关注已经上升到宏观经济、消费周期、市场差异等更高维度。

从对标学习行业实务，到关注经济社会宏观周期，一方面反映了中国餐饮老板思想格局的升维，另一方面，也是因为这些年中国餐饮行业的爆发式创新升级。不夸张地说，中国餐饮在许多方面已经超越日本，再盲目对标已变得没有意义。

作为相邻的亚洲经济体，日本经济发展规律历来被经济学家拿来跟中国对比，甚至有观点担心中国会走日本的老路。日本餐饮市场规模于 1997 年达到峰值，此后逐年萎缩，2019 年之前市场规模曾回到峰值的 90%，但 2020 年期间又受重创，规模下滑至峰值的 63%。

这些规律变化会不会是中国餐饮看得到的未来？中国餐饮会不会摸着日本餐饮过河？

带着这些疑问，这些年，我曾不下十次带领中国餐饮老板组团奔赴日本。从关东到关西、从北海道札幌到南部福冈，深入各大标杆餐企、供应链、中央工厂交流考察，也实地走访和体验了日本的人文市井和乡村城市。越深入了解，我越觉得日本与中国餐饮市场其实还是存在着本质的不同。心里的那个疑问也逐渐明晰。

以至于后来，我经常对同行的餐饮老板说一个观点：中国餐饮不可能照搬学习日本，因为从中国餐饮的连锁化高速发展来看，连锁商业模式的发源地美国可能更适合中国。一方面日本独特的"职人文化"难以拷贝，另一方面地理格局和市场规模上，中美更有对标意义。

首先是中日的供需结构差异,导致供应链和品类业态特征不同。日本作为一个资源匮乏的岛国,所有资源高度依赖进口。日本的食品自给率仅为39%,而中国约为140%。这一数据带来的直观感受就是,日本的餐饮品类并不丰富,很多餐饮老板和我在日本出差一周就有点受不了其饮食的单调。当然品类少也会带来好的结果,就是出品极致化。所以我们特别佩服日本餐饮的匠人精神,他们自己把一个简单的食材做到极致。而中国食品的超高自给率,带给我们丰富多样的品类,没有你吃不到,只有你想不到的丰富美食体验。中餐品类的丰富度在全世界要说第二,没有人敢说第一。

由于大量依赖进口,使得日本食品行业天然融入了全球化供应链,并且预制的比例很高。在日本的便利店、超市,随处可见琳琅满目的预制菜,这就是日本人的生活日常。所以,"寄生"在供应链上的日本,对于吃预制菜从来没有争议。

这也造就了日本成熟的餐饮供应链系统。我们经常看到日本餐厅后厨一两个人就能搞定一间两三百平方米的门店,背后的主要原因就是日本餐厅的供应链普及程度极高。这也是为在精益管理上学习日本，在商业模式和品牌打造上，对标美国。

什么过去很多中国餐饮老板去日本学习，重点就是考察供应链。前些年西贝创始人贾国龙贾总就曾说，他每次去日本，最喜欢的就是钻进中央厨房，一点点地观摩学习人家的流程和细节。

然而 21 世纪初第一波学习日本餐饮供应链、回来自建中央厨房的中餐品牌，大多以失败告终，原因大概有两个。

一是日本国土面积不大，连锁餐饮多以直营为主，门店规模数不大。很多日本餐饮品牌能开到 1000 家店，基本就是天花板级别了，这就决定了日本餐饮企业自建中央厨房不需要太大。我们在日本看到的无论中央工厂还是厨房，面积普遍比较紧凑，给人"麻雀虽小五脏俱全"的感觉，跟国内比起来简直是小巫见大巫。但正因为小，日本央厨的流程非常高效，这是很多国内餐饮老板往往忽视的一点。

很多中国餐饮老板考察完回来，立刻兴冲冲地去跟政府申请拿地，政府一支持鼓励，结果就建了一个超大规模的中央工厂，体面壮观，一上来就要支撑几千家上万家店。殊不知接踵而来的后果是，不开机设备生产线闲置浪费，一开机产能过剩浪费。前几年我在上海参观一个鲜食的中央工厂，当时看到三条生产线只能开一条，负责人说起来也是满脸无奈。

二是搞中央工厂跟搞餐厅完全是两个行当，前者是管理工厂流水线，后者是创造顾客体验。隔行如隔山。很多盲目上马央厨项目的餐饮企业，都变成了用门店端的利润来贴补工厂亏空，最后不堪重负。我见过一些老板因为搞了工厂，无心也无力再专注于门店管理，整个人吃住在工厂，每天围着机器设备转，苦不堪言。

所以，我想说几点结论。

一个是中国和日本对餐饮供应链的需求程度是不一样的。日本作为一个面积较小的岛国，连锁餐饮可以自建中央厨房，甚至自建物流。但即便如此，日本餐饮的供应链社会化程度也已十分明显，大部分餐饮的供应链全部依赖于第三方。而中国作为一个幅员辽阔的大国，自建供应链的难度天然之大，并非效率之选。

所以如果说日本餐企供应链尚可以自给自足，但在中国，以如此辽阔的幅员，连锁品牌要实现跨区域发展，最终必须走向第三方协作，自给自足的必要性几乎为零。

当然在一定阶段，由于中国餐饮品类太过丰富，目前的供应链发展水平很难全部满足一些品类业态的需求，倒逼很多餐企依然要靠自己解决个性化的需求，自建供应链。不过，随着供应链产业的快速成熟，基于成本的博弈，最终也会解放餐企的这部分功能，使餐饮供应链完全社会化、分工化。

二是从消费端看，日本餐饮食品的预制程度高，且已经深入人心。我们在日本便利店看到的预制食品SKU的丰富度远超中国。倚重供应链、预制程度高、高度零售化、食品工业化带来高效率的同时，也带来一个结果，就是客单价不高。所以，我们看到日本大众连锁餐饮的性价比非常极致。比如日本拉面800日元左右一碗，合三四十元人民币。从中餐出海角度来说，与其他发达国家相比，去日本，溢价空间不大。不愿意为高溢价买单，也使得日本大多数餐企已步入微利时代，回本周期动辄三五年甚至更长。以拥有1500家店以上的全球第一意式餐厅、日本著名头部连锁品牌萨莉亚举例，其2023年营收大约100亿人民币，纯利润率只有2.8%，而且利润来源大部分依靠中国市场的门店。

三是日本基本没有外卖市场。由于人力成本、互联网线上商业模式的差异，日本外卖市场占比只有微不足道的 2%，而中国外卖市场在餐饮总盘的占比已经超过 20%。这与中国餐饮业主流的"三店一体"、门店外卖、线下线上"两条腿走路"的模式有本质不同。从这点看，假如中餐出海去日本，很多强依赖线上外卖模式的品类将无用武之地。

综上所述，我觉得无论是中餐出海日本，还是研究中国餐饮的未来，完全对标日本可能存在失准的风险。我更愿意相信中国餐饮是个自成体系的统一大市场，有自己的巨大变量机会和发展特征。如果非要给个建议，那么我觉得在精益管理上学习日本没问题，但在商业模式、品牌打造上，其实相当多的中国连锁餐饮老板心里已经对标了美国。

2024 年夏天，我在东京跟"日本消费研究第一人"三浦展老师有过一次交流，他剧透了即将出版的新书《第五消费时代》里面的一些核心观点。他把日本下一个消费时代特征总结为 7 个"S"：慢（slow）、小（small）、软（soft）、感性（sensuous）、社交（sociable）、可持续的（sustainable）、解决社会问题（solution of social problems）。这一定程度反映了当下日本消费者的普遍心态，也关照了餐饮业发展趋势的一些特点。而这些特征，我感觉跟国内还有大约 1.5 个代际差，也就是中国餐饮业的发展已经进入品质性价比时代，但很多品类赛道依然会在较高速的机会里奔跑。

038 / 快餐出海新加坡：
两大挑战与战略

中餐出海新一波热潮下，新加坡是很多品牌出海的首选目的地之一。之所以要重点说一下新加坡，是因为除了地缘和文化因素，新加坡也是海外中餐人均消费最高的地方，不到 600 万人口中，每年中餐市场的消费规模大约是 550 亿元人民币。

但面对一个发达国家的成熟市场，将国内发展最迅猛的代表品类——中式快餐出海，其国内模式是否可以直接复制到新加坡？

这些年我和很多国内餐饮老板一起，多次去新加坡、日本、德国、法国、泰国和北美等主要出海目的地考察。其中一个最大的感受是：与正餐、精致餐饮出海相比，快餐、奶茶、咖啡等这些零售属性强的品类，在发达国家的市场很广阔，但初期进入时面临的挑战也巨大。

一、两大挑战

新加坡作为发达国家,和欧美一样,本地快餐已经成为生活的基础设施。人们在外就餐比例大,商场、食阁、咖啡店、小贩中心均匀且高密度分布。尤其小贩中心,是每个社区的标配。

在高频的刚需消费场景下,日常、理性、务实、高频且性价比主导的消费观念深入人心。

一个中餐新品类、新品牌的进入,往往在当地华侨或新移民中产生很大反响,真正的新加坡人可能并无太大感受。因为华侨对国内创新品牌能够产生强大共鸣,而新加坡人则更关心产品、口味、价格和体验。新加坡的华侨和外国游客仅占总人口的10%,远非主流市场,这也是中餐出海首先要思考的选择题:主攻华侨还是当地人?

和很多发达国家一样,新加坡的快餐零售价格跟国内相差不大,甚至更便宜。

中餐出海的真正蓝海，一定是打入本地人市场。

比如很多国家地区的星巴克、麦当劳其实比国内便宜。新加坡一顿食其家的客单价大概折合 50 元人民币，在小贩中心一顿饭可能只需 30 多块人民币，奶茶咖啡则需大约 15 元人民币……

旗下拥有茶饮、麻辣烫快餐、韩式烤肉、炸酱面等多个品类的新加坡 RTG 餐饮集团创始人郑惠元告诉我："在新加坡做快餐，最好不要超过 10 新元（折合人民币大约 50 元），否则就没有竞争力。"

相反在另一个赛道，中式正餐、类正餐的品质快餐在新加坡乃至很多发达国家，品类和品牌溢价则十分明显。

中餐出海有一个可以参考的基本定价方法：人民币 × 汇率 = 定价。

比如太二酸菜鱼在国内人均 90 元人民币，在新加坡差不多 90 新元，折合人民币 500 多元。海底捞也是。

对标麦当劳的西少爷在新加坡售价约为国内的 2.5 倍，相比国内已经做了空间升级，但相对正餐的溢价已有所回落。

海底捞、太二、探鱼等品牌在新加坡的爆火充分说明，正餐作为体验型的业态，更容易吸引当地人去尝鲜、体验，去感受中餐文化和服务。也就是说，快餐出海新加坡，至少是国内旗舰店的水准先复制过去，才能更好地进入当地人市场。

如果将国内快餐标准门店模型搬过去，正面强攻，企图融入当地人市场，就会面临较低的品类溢价，同时又会面临高房租和高人工，很难匹配国内的成本结构、利润产出和扩张策略。低溢价空间下，国内积累的品牌势能也难以发挥，挑战重重。

纵观目前新加坡的中式快餐、茶饮零售品牌，影响力大部分还只局限在华侨、中国游客圈子，而且由于都在争抢这 10% 的华人，"内卷"也已形成，经营状况并不乐观。

中餐出海的真正蓝海，一定是打入本地人市场。

二、"两边"战略

新加坡总人口不到 600 万，本地居民占比 90%，其中华人族群占比 70%，消费力高，但市场容量有限。单个品牌餐饮业态差不多 20—40 家店就会饱和。截至 2024 年一季度，海底捞在新加坡有 19 家店，已经趋于饱和，且出现了客流下滑的情况。

品牌认知度最强、客层通吃、门店模型最多样的麦当劳，在新加坡一共拥有 130 多家餐厅、17 家得来速、42 个甜品站、48 家麦咖啡。从 1979 年新加坡的第一家麦当劳算起，也已深耕 40 多年。但谁能超越麦当劳？

所以如果习惯国内快速布局、一年开出几十上百家店的打法，在新加坡恐怕很难实现。那么有没有既可以拉升品牌势能，高举高打快速完成品类认知教育，又可以低调推进真正渗透市场的打法呢？

我们不妨探讨一下"两边战略"：一边做品牌升级，一边做渠道下沉，避开直面消耗。

一边做高调品牌升级：战略重点是品牌形象提升、单店利润上提，而不是追逐门店数量，即把快餐升级成小正餐、类正餐模型，对标成功前辈。

比如鱼你在一起这样的下饭酸菜鱼快餐，是否可以对标太二酸菜鱼，完成品牌形象升级、食材升级、SKU 增加、餐具升级、服务升级……再造一个在海外可以比肩太二的酸菜鱼品牌。是不是就可以一方面获得国际中餐品牌的形象拉升，另一方面借势完成品类认知。

回顾麦当劳进入中国市场的历史，正是用这样的打法，成功将品类认知盲区，转化为信息差红利。当年的麦当劳在美国，跟今天的中式快餐在中国、快餐在新加坡等，情况差不多。

当年不少海外华人和出过国的人，一度笑称麦当劳在中国是"伪高大上"，在美国只是"cheap fast food"（低价快餐）的象征。但麦当劳就是靠这样的策略：中高端定位、休闲正餐厅形象在中国市场异军突起、引领风尚。吃麦当劳一度变成一种高级感、收入小康的象征。

这一打法，不仅收获高大上的品牌势能，也能产出可观的单店利润额，又利用高势能入侵式教育了品类认知。可谓一举三得。

在最容易产生溢价空间的市场生态位上站住脚，从高往下顺势打，更符合市场规律。不急于从品类上说服，而是从生活方式和空间体验上先接轨，继而渗透品类认知。

鼎泰丰堪称全球出海最成功的中餐案例。其厉害之处在于，在各个海外市场，都能够打入本地人市场，且本地客流占比高达70%。外国人可能不太明白什么是小笼包，但是看到鼎泰丰打造了一间他们熟悉的餐厅，里面有红酒、吧台，社交场景很有特点……然后你就看到欧美人在鼎泰丰喝着红酒吃小笼包。

另一边做低调下沉：发挥连锁供应链优势，成为供应小贩中心、食阁、咖啡店档的供应链。让本地商贩轻松增加品类，实现增收。目的是借势渠道，让本地人卖给本地人，渗透品类。不计较是否统一使用总部品牌。

当本地人完成品类渗透，该品类成为本地人日常需求后，再利用供应链优势打造品牌就水到渠成。

之所以提出以上观点，还有一个基于竞争的客观事实。中餐出海常被很多人号称降维攻击，但也并非没有"拦路虎"对手。

每个中餐出海目的地都会有"中国通",他们往往也是当地餐饮"地头蛇"。他们暗中观察出海的品类,利用对物力、人力等本地资源熟悉的优势,采取差异化打法,快速复制品类并截和市场机会,也是有许多先例的。

后　记

我要首先感谢这个时代，因为它让我亲历了中国餐饮一个大时代的开启。我的创业，让我有幸参与其中，并尽我所能推动前行。如果说今天行业的一些变化与我能有一些关联，这将是我一生最值得骄傲的事情。

我还要感谢我所创业的项目——"餐饮老板内参"。它让我以一个最值得热爱的角度，全身心地投入一个行业的变革，它已深深嵌入了我的生命和生活，深刻影响并重塑了我。

我更要感谢我的爱人和家人，尤其我的三个孩子。他们因我的热爱也爱上了餐饮，以至于无论到哪个餐厅，总能快速与老板、店员打成一片，这甚至让我体会到了美妙的基因遗传力量。

我要感谢他们，无论何时总会给我欣赏和赞扬，这是我工作最原始的动力。

感谢一路以来我的团队、朋友、行业同仁、同道中人，所有人对我而言都是亦友亦师。感恩同行让我们走得更远。

最后感谢资深出版人张艳霞老师和她的团队，是她们冥冥中的出现，才成就了这本书的诞生机缘。

最后我也为自己加油，我将继续以最大的热情奔赴下一个十年二十年……用心体验中国餐饮发展的壮阔波澜！